돌보는 이를 위한 기도

124 Prayers for Caregivers

돌보는 이를 위한 기도

조앤 군첼만 지음 · 진수미 옮김

한국기독교연구소

124 Prayers for Caregivers

by

Joan Guntzelman

Saint Mary's Press, 1995

Korean Translation

by

Chin Soo-Mi, Ph.D.

Korean Institute of the Christian Studies

차 례

옮긴이의 말 · 6

머리말 · 8

돌보는 일이 빛나는 때 · 15
돌보는 일이 축복과 은총으로 느껴질 때,
방향감각이 필요할 때,
당신 자신을 성장시키는 선물이며
기회라고 느낄 때 필요한 기도문들

돌보는 일이 어둡고 힘겨울 때 · 77
돌보는 일의 힘겨움으로 지쳤을 때,
분노, 죄책감, 슬픔, 우울, 절망이 엄습하여
쓰러질 것 같을 때,
또는 기만당하는 것 같고 자격지심을 느끼며
자신이 싫어질 때 필요한 기도문들

옮긴이의 말

어떤 일도, 어떤 관계도 사랑의 수고와 성찰, 기도가 필요하지 않은 것이 없겠습니다. 돌보는 일과 돌봄의 관계는 특히 그럴 것입니다. 그러나 돌봄은 그저 노고일 뿐이거나 희생이기만 한 것이 아니라, 돌보는 이와 보살핌을 받는 이 사이에서 사랑이 피어나고, 돌보는 이를 성장시키는 놀라운 기회가 된다는 통찰을 이 기도문들은 보여줍니다.

노환으로 누우셔서 1년을 넘게 조금씩, 아주 천천히 다른 세상을 향해 가고 계셨던 어머니 곁에서 이 기도문들을 읽고 거기에 제 마음을 잠그며 지냈습니다. 제가 얻었던 그런 위안과 힘을 비슷한 상황을 겪고 계신 분들께서도 얻으실 수 있다면 참 좋겠습니다.

돌아보면, 어머니와 제가 함께 한 그 마지막 날들이 제게는 힘겹고 어둡기보다는 사랑의 충일함으로 빛나는 시간이었습니다. 어머니는 병자답지 않게 깨끗하고 어린아이처럼 천진한 모습으로, 돌보는 수고는 조금만 하고도 제 마음에 사랑은 엄청나게 흘러들게 해주셨습니다.

어리석고 너그럽지 못한 성격으로 생전에 보여드리지 못했던 저의 때늦은 사랑을 이 책에 실어 어머니께 드리고 싶습니다. 이제는 남루한 육신도, 지상의 애달픈 인연의 굴레도 벗으셨으니, 어머니와 저의 마지막 시간을 그토록 아름답게 정화시켜 주신 하느님 안에서 자유와 평안을 누리시리라 믿습니다.

2000년 7월 탈상 전날
어머니의 영정 앞에서

머리말

돌보는 이는 수많은 얼굴을 지니고 있습니다. 직업으로 돌보는 일을 선택한 전문직업인들도 있고, 자녀와 배우자를 돌보는 것이 일상인 보통의 어머니·아버지일 수도 있습니다. 돌보는 일을 하는 사람들의 사례를 몇 가지 들어봅니다.

질(Jill)은 늘 산란한 마음으로 의혹과 투쟁중입니다. 아이가 소아마비로 태어날 줄은 꿈에도 몰랐고 3년이 지난 지금도 아직 믿을 수가 없습니다. 소중하기 짝이 없는 어린 아들에 대한 사랑이 절절하게 느껴지는 때가 있는가 하면 아들을 차마 바라볼 수조차 없을 정도로 화가 나고 짜증이 날 때도 있습니다. 조금씩 무거워지는 아이를 씻길 수도, 안아 올릴 수도, 먹일 수도 없을 때가 있습니다.

프랭크(Frank)는 이제 어떤 선택을 하더라도 불행할 것입니다. 아내 메리와 함께 한 42년의 세월은 "죽음이 우리를 갈라놓을 때까지"의 맹세로 일관된 것이었습니다. 아내 메리가 아직 살아있기는 하지만, 그는 이제 아내와 "갈라졌다"고 느낍니다.

치매가 너무도 깊이 아내에게 스며들어 이제 그 겉모습만 익숙할 뿐입니다. 날마다 희미한 한줄기 의식이라도 되돌아오기를 바라지만, 그런 일은 일어나지 않습니다. 자신의 사랑과 보살핌에 아무런 반응도 보이지 않는 메리에게 절망하고 분노가 느껴지기까지 합니다. 자식들은 아내를 요양원으로 모시고 아버지가 조금은 편하게 사시기를 권하지만, 그래 놓고는 자신이 견뎌내지 못한다는 것도 알고 있습니다. 절망적인 덫에 걸린 것 같습니다.

매주 목요일이면 딕(Dick)은 호스피스 평신도 목회자로 자원봉사를 하고 있습니다. 그는 이 일을 사랑합니다. 사랑하는 사람이 죽음에 다가가고 있는 것을 보면서 고통을 겪는 많은 가족들을 만납니다. 그들과 더불어 고통과 희망을 나눕니다. 그들이 자신을 신뢰하고 관심을 기울여줄 때 딕은 축복받은 느낌이 듭니다. 그렇지만 더러는 인간적 고통에 압도당해 기진맥진하기도 합니다. 자신이 정말 있어야 할 자리에 있는 것인지 의심스러울 때가 있습니다.

바바라(Barbara)의 삶은 만족스럽습니다. 사랑하는 남편이 있으니 행복하고 아이들은 사랑스럽기 그지 없습니다. 그런데도 콧물이 흐르고 기저귀를 갈아주어야 하는 아이를 볼 때나 빨랫감이 넘치고 식사준비에, 집안청소에 비명을 지를 것만 같을 때도 있습니다. 가족을 돌보는 일은 끝도 한도 없습니다. 자신의 생활과 가족을 지극히 사랑하여 그 어느 것도 바꾸고 싶지 않으면서도 왜 그리 피곤하고 좌절감을 느끼는지 바바라는 자기 자신을 도무지 이해할 수 없습니다.

돌보는 일을 바라보기

현대의학이 출산을 쉽게 해주고 노쇠와 심각한 질병의 위험을 극복하고 살아남게 해주었기 때문에 우리는 삶의 어느 시점엔가는 돌보는 이가 되도록 부름받습니다. 난데없이 돌볼 의무가 우리 몫으로 떨어집니다. 이를 기꺼이 받아들이는 경우도 있지만 때로는 주저하고 돌보는 일을 피하려고 온갖 이유를 찾다가도 결국은 떠맡아야만 하는 경우도 있습니다. 돌보는 일은 비탄과 절망, 저항의 와중에 우리를 던져 넣습니다. 어떤 이들은 생계를 유지하기 위해 돌보는 이가 되기도 하고 목회활동으로 돌보는 일을 택하는 이도 있습니다.

돌보는 일이 은총과 보상을 주는 일이긴 하지만 결코 쉬운 일은 아닙니다. 짐스럽고 고통스러우며 지치게 만듭니다. 육체적으로 힘든 것 말고도 언제나 복잡하고 불가사의하며 때로는 당황스런 인간 존재를 다루는 일인 것입니다.

돌보는 일은 온갖 감정을 휘저어 놓습니다. 어떤 날은 따뜻하고 보람찬 감정을 느끼지만 또 어떤 날은 고통스럽고 짜증납니다. 돌보는 일을 하면서 육체적으로 힘든 것보다 우리자신의 감정과 더 자주 투쟁하는 것인지도 모릅니다. 애정 어린 순간은 우리 마음을 훈훈하게 만들기도 하지만, 그와 동시에 일어나는 분노, 혐오, 죄책감, 피로, 자포자기의 심정에는 준비가 되어 있지 않을지도 모릅니다. 느껴서는 안 된다고 생각하는 감정을 경험하게 되면 부끄러움과 죄책감이 스며듭니다. 돌보는 일에는 이렇듯 밝은 면과 어두운 면이 다 있습니다.

그럴 때 스스로를 가혹하게 판단하기보다는 모든 종류의 감정이 다 자연스러운 것이라는 생각을 할 필요가 있습니다. 그런 감정을 받아들이고 거기에 귀를 기울이면 우리 자신을 새롭게 이해할 수 있는 실마리를 얻을 수도 있을 것입니다. 그런 복잡한 감정이 우리의 인간성을 드러내주고 돌보는 일의 힘겨움과 위대함을 보여주는 것으로 생각하고 그 감정들을 친구로 삼을 수도 있을 것입니다. 다른 이를 돌보면서, 돌보는 일 그 자체가, 또 돌보는 일에 대한 우리의 감정이 모두 우리를 더욱 충실한 인간이 되도록 돕는 지혜로운 가르침임을 발견할 수 있을 것입니다.

기도하기와 돌보기

흔히 기도는 하느님의 현존에 대한 깨달음, 그리고 그 깨달음에 대한 우리의 응답이라고 합니다. 하느님은 언제나, 어디서나, 우리 안에, 우리 가운데 계시며 우리의 돌보는 일 가운데 계십니다. 무엇보다도 돌보는 일은 하느님을 사랑하고 우리의 이웃을 우리 자신처럼 사랑하라는 성서의 가르침을 따를 기회를 줍니다.

기도는 힘과 위로의 강력한 원천입니다. 기도하면서 우리는 하느님이 우리의 돌봄 안에 우리와 함께 계신다는 것을 깨닫게 됩니다. 하느님은 모든 것이 잘 되어나가고 우리 안에 가득한 빛과 은총을 느끼는 그런 때에도, 또 모든 것이 힘들고 어두운 때에도 계시지 않은 적이 없다는 것을 기도 중에 생각하게 됩니다. 희망으로 가득찬 때에 하는 기도는 경이와 감사를 표현해줍니다. 힘겨울 때에 바치는 기도는 우리에게 필요한 이해와 지원을 해주고 인내를 길러주고 길잡이가 되어줍니다. 사도 바오로가 로마인들에게 말한 것처럼, "희망을 가지고 기뻐하며 환난 속에서 참으며 꾸준히 기도하십시오."(로마서 12:12)

기도는 우리 각자가 하느님과 맺고 있는 독특한 관계의 은밀한 표현이므로 서로 다른 방식으로 기도할 수 있습니다. 하느님은 우리 안에 살아 계십니다. 기도는 우리의 사랑을 통해서 우리 안에 있는 하느님의 살아계심을 드러냅니다. 하느님의 현존을 믿고 도움이 되는 것이라면 어떤 방식으로든 기도할 필요가 있습니다.

배려와 사랑으로 한다면, 돌보는 일 자체가 기도일 수 있습니다. 날마다 우리가 하는 크고 작은 행위를 통해 하느님의 현존을 생각하는 기도를 드릴 수도 있습니다. 가령, 물 한잔을 건네준다거나 복잡한 기술이 필요한 치료를 한다거나 기저귀를 갈아주거나, 아니면 그저 단순히 이야기를 들어주는 행동도 기도입니다. 기도는 그날의 사건을 반추해보는 것일 수도 있고, 다른 이의 삶의 신비에 참여하게 된 것을 경탄하거나, 아니면 무력감, 분노, 자격지심 따위의 감정을 소화하는 것일 수도 있습니다. 우리에게 필요한 것을 하느님께 청하는 것일 수도 있고 무엇이건 하느님이 우리에게 주신 것에 감사하는 것일 수도 있습니다.

기도를 드리면서 생각할 것은 기도가 우리에게 주어진 기회라는 사실을 인식하는 것입니다. 다른 이를 돌보는 일도, 돌보면서 생기는 정서나 의문도 모두 풍부한 기도의 원천입니다. 실로 그 모든 것들이 우리의 기도를 이끌어줄 수 있는 것입니다. 이 책은 아마도 돌보는 일에 담겨있는 인간적 상호작용의 복잡성을 이해할 수 있게 해줄 것입니다. 이 책에 실린 기도문들이 돌보는 일 가운데서 하느님을 발견하려고 애쓰는 우리에게 도움이 될 수 있기를 희망합니다.

기도문 활용하기

이 책에 실린 기도문 각각은 짧은 인용문(성찰을 위한 자료로), 간단한 성찰, 그리고 기도로 구성되어 있습니다.

여러분은 기도문을 빠르게 읽을 수도 있고 부분 부분마다 깊이 들어가 머물 수도 있습니다. 시간이 있고 또 그럴 마음이 있으시면 기도 하나 하나를 묵상하십시오.

짧은 인용문을 한번 읽는 것으로 기도를 시작하셔도 좋습니다. 그리고는 숙고하고 여러 번 천천히 깊이 생각하면서 기도하십시오. 그래서 그 의미가 마음에 닿아 오도록 하십시오.

성찰부분은 더 깊이 있는 생각과 기도를 위한 자료입니다. 때로는 일기에 적거나 잠시 조용히 앉아 자신에게 되물어 볼 질문이 생기기도 할 것입니다. 돌보는 일을 하는 사람으로서 자신의 처지에 이 성찰이 무슨 의미일까를 말입니다.

하느님은 우리의 기도를 들어주시고 응답해 주신다는 확신을 주십니다. 마지막 부분의 기도문을 읽으면서 하느님이 우리의 기도를 주의 깊게 들으시고 당신을 돌보신다는 것을 상기하십시오. 어떤 연이 당신에게 통찰력을 준다면 기억 속에 새기고 가꾸십시오. 그리고 침묵의 시간이 찾아올 때 기도하거나, 다른 이를 돌보면서 모든 이가 다 성스럽다는 것을 기억하면서 기도하십시오.

초기 기독교인에게 "쉬지말고 기도하십시오"(데살로니카전서 5:17)라고 충고할 때 사도 바오로는 하느님의 성령이 내리시면 모든 행동이 사랑의 행위가 된다는 것을 아셨습니다. 오직 하느님의 은총만이 힘겨울 때 충분한 힘이 된다는 것도 아셨습니다. 이 책에 실린 기도문은 여러분의 갈망과 두려움, 희망, 그리고 절망이 무엇인지 드러내는데 도움을 줄 수 있을 것입니다. 어쩌면 당신의 마음을 드높여주는 지렛대 노릇을 해줄지도 모릅니다. 돌보는 일을 할 때, 사랑이신 하느님이 여러분과 함께 하시며 여러분의 영혼을 빛나게 하시고, 마음을 따뜻하게 해주시며 당신의 손을 잡고 이끌어 주신다는 사실을 알고 소중히 여기십시오.

돌보는 일이
빛날 때

> 우리 손이 닿는 모든 것에 은총을 실어다 주는 것은 얼마나 빛나게 세상을 살아가는 방법인가.(잭 콘필드, 『마음이 함께 하는 행로』, 332쪽)

돌보는 사람으로서 우리는 다른 사람과 접촉할 기회, 그 접촉 하나 하나를 은총으로 만들 수 있는 기회를 갖습니다. 도움이 필요한 이들을 돌보면서 오직 은총만을 우리의 깨달음 안에 머물게 할 때 더 나은 세상을 만들 수 있습니다. 우리가 이 세상에 은총을 가져올 수 있다는 것을 아는 마음을 지니고 있는지요?

하느님. 제가 삶에서 택한 길이 아름다움과 다른 이에 대한 축복으로 새겨지게 하소서. 이 세상의 선(善)이 성장하는 데 참여하게 된 제가 얼마나 운이 좋은지 항상 깨닫게 하소서. 돌보는 일 가운데 기뻐하며 모든 것을 온전하게 만들 기회를 주신 것을 기뻐합니다.

> 하느님, 당신의 성스러운 얼굴을 저희에게 드러내소서.(민수기 6:25)

돌보는 이에게 신의 얼굴은 어떤 모습일까요? 어떤 상황에서, 어떤 사람들에게서 하느님의 얼굴을 볼 수 있겠습니까? 하느님의 얼굴이 우리에게 "드러났을" 때 어떻게 그것이 하느님의 얼굴인지 알아차릴 수 있을까요? 아니, 하느님은 언제나 당신을 보여주고 계시는 것은 아닐까요? 그렇다면, 그 축복 속에서 하느님을 뵙게 되면 알아차릴 수 있으리라는 희망을 지닐 수 있을 것입니다.

나의 하느님, 당신은 제가 꿈꾸는 이상으로 더 자주 제게 당신을 보여주셨음을 압니다. 아마도 당신은 제가 상상하던 것 같은 모습은 아니었을지도 모릅니다. 바로 제 앞에 바싹 다가서서 "내가 보이느냐? 지금 나를 보느냐?" 하시듯 그리도 절절히 제가 당신을 알아보기를 원하신 그 숱한 순간에, 당신을 보지 못하고 지나쳤을까 두렵습니다. 바라옵건대 저를 깨어있게 하시어 제가 만나는 사람 가운데서, 제가 사랑하는 이들에게서, 모든 피조물에게서 당신을 볼 수 있게 하소서.

> "병자들을 고쳐주며, 하느님 나라가 그들에게 다가왔다고 전하여라."(루가 10:9)

질병이란 잠시 동안은 견디어낼 만한 것이긴 하지만 중요하다고 생각하는 세상사에 우리의 관심을 집중하지 못하게 만듭니다. 그러나 병들고 상처 입었을 때, 또는 허약한 사람들 가까이 있을 때, 질병이 우리가 책임질 일이라든가 통제할 수 있는 것이라든가 하는 착각을 버리게 됩니다. 또 다른 현실이 우리의 인식을 일깨울 수 있는 때인 것입니다.

항상 가까이 계시는 하느님, 질병이나 곤궁은 당신의 나라에서 작용하는 또 다른 현실이 있음을 알려주는 크나큰 계시입니다. 당신을 떠나 세상의 가치에 사로잡히기가 얼마나 쉬운지요. 제 존재의 중심이며 성스러움의 바탕인 당신께로 저를 이끄는 것은 질병과 장애를 겪을 때입니다. 오, 하느님, 당신 안에서 평안을 느끼게 하소서.

> 내면 깊숙이 귀기울일 때, 위대한 노래가 우리 각자의 삶을 관통할 것입니다.(콘필드, 『마음이 함께 하는 행로』, 332쪽)

그리스 작가 니코스 카잔차키스는 신으로부터 오는 것, 신께 향하는 것, 그리고 길을 잃지 않기 위해 노래하는 것에 대해 말하고 있습니다(『성 프란시스』, 89쪽). 돌보는 일을 하면서 우리가 길을 잃을 때란 아마도 우리의 유대, 사랑, 그리고 상호의존성을 노래하는 그 깊은 노래를 잊었을 때일 것입니다. 그러나 삶의 노래란 항상 흐르는 것입니다. 영은 언제나 우리 안에서 또 우리들 사이에서 흐르고 있습니다. 영에 귀기울일 것인가요, 아니면 영을 가로막는 온갖 소음을 그대로 놔둘 것인가요?

우주의 음악이 제 영혼 안에서 울립니다. 성령이여, 저로 하여금 그 음악을 깨닫게 하소서. 저로 하여금 잠시 멈추어 당신의 은총으로 가득찬 노래의 흐름에 귀 기울이게 하소서. 제가 그 노래를 들을 수 있도록, 또한 저의 보살핌을 필요로 하는 이들과 함께 그 노래를 나눌 수 있도록 필요한 침묵과 평화를 발견하도록 도와주소서. 저의 돌봄 안에서 그 노래가 울리는 것을 들을 수 있게 하소서.

> "내가 병들었을 때, 나를 돌보아주었다."(마태오 25:36)

　돌보는 이에게 가장 감동적이고 위안이 되는 성서 구절은 "내가 병들었을 때, 나를 돌보아주었다"는 구절일 것입니다. 이 구절은 심판의 날 이루어질 구원의 조건 가운데 하나를 묘사한 것입니다. 도움이 필요한 이를 돌보는 일은 구원 행위입니다. 돌보는 일에 몰두하고 있을 때 우리들은 대부분 그것을 느끼고, 마음으로부터 알고 있습니다. 우리의 특권은 참으로 위대한 것입니다. 우리가 기억 속에 이 구절을 심고 키운다면 위안과 격려를 받을 것입니다.

예수께서, "내가 병들었을 때," 하고 말씀하실 때, 하느님, 당신은 저의 돌봄이 성스러운 일임을 상기시켜 주십니다. 당신은 병든 이들 안에 사시며, 제 안에, 병든 이들을 돌보는 사람 속에 계십니다. 저는 참으로 강력한 실재이신 당신의 치유은사의 한 부분입니다. 당신께 감사드리는 것 말고 무슨 말을 할 수 있을지 알지 못하겠나이다.

> 너는 나의 눈에 넣어도 아프지 않을 나의 귀염둥이, 나의 사랑이다.(이사야 43:4)

우리에게 도움이 필요할 때, 우리 힘으로는 아무 것도 할 수 없을 때, 그 누구도 우리를 돌보려고 하지 않는다면 어떻겠습니까? 도움이 필요한 이들과 기꺼이 함께 해주려는 이들은 가장 필요한 보살핌을 수행하는 것입니다. 세심하고 사랑에 찬 돌보는 사람이 될 때 우리는 하느님께 소중한 존재가 될 뿐만 아니라, 보살핌을 받는 이에게도 소중한 사람이 될 것입니다. 그들이 그것을 알아차리건 그렇지 못하건 관계없이 말이지요.

사랑이신 하느님, 당신에게 제가 소중한 사람이라는 것을 깨닫고 받아들인다는 것은 얼마나 놀라운 일입니까! 당신이 제게서 기쁨을 느끼시도록 저 자신을 기꺼이 내어줄 수 있도록 도와주소서. 제가 베푸는 모든 돌봄이 제 나름의 방식으로 당신의 사랑을 표현하는 것이 될 수 있도록 해 주소서.

> 깨달음, 연민 그리고 친교의 실천으로 ... 여러분의 삶이 축복받으시기를, 침묵을 은총으로, 이해를 은총으로, 용서를 은총으로 받아 지니시기를, 그리고 여러분의 마음과 손길이 여러분을 둘러싸고 있는 모든 것에 은총을 실어다주기를 소망합니다.(콘필드, 『마음이 함께 하는 행로』, 338-339쪽)

돌봄을 통해 어떻게 우리 삶의 은총을 발견할 수 있을까요? 우리의 마음과 우리의 손길이, 우리의 연민과 솜씨가 보살핌을 받는 이에게 은총을 실어다 줄 때, 놀라운 선물이 우리에게 돌아옵니다. 우리는 서로 친밀성과 상호지원을 주고받는 것입니다. 자비란 우리의 실천 행위 안에 있다는 깨달음을 혜택으로 거두어들이는 것입니다.

오, 사랑으로 가득하시며 자비로우신 주님, 제가 여기, 당신의 소중한 선물 한가운데에 있나이다. 모든 곳에 은총이 있다는 걸 점점 더 잘 깨우치게 됩니다. 당신의 은총은 두 방향으로 흐르는 것이 분명합니다. 저로부터 제가 돌보는 이에게, 그리고 그들로부터 제게로. 이 은총을 서로 나누는 가운데 당신이 현존하시는 경이로움, 그 지혜와 용기, 겸손과 희망을 제게 일깨워 주소서. 제 마음과 손길을 통해 제 자매와 형제들에게 은총이 흐를 수 있게 하소서.

> 그 때 주의 음성이 들려왔다. "내가 누구를 보낼 것인가? 누가 우리를 대신하여 갈 것인가?" "제가 있지 않습니까? 저를 보내십시오." 하고 내가 여쭈었더니.(이사야 6:8)

모든 사람이 다 기꺼이 다른 사람을 돌보려고 하거나 다른 사람에게 도움의 손길을 뻗을 수 있는 것은 아닙니다. 누구나 다 힘든 일을 감당하거나 돌보는 일을 하는데 필요한 배움이나 재능을 지닐 수 있는 것도 아닙니다. 어떤 이는 간단히 못한다고 말합니다. 우리가 겪었던 돌보는 일의 어려움, 일이 주는 피로감을 돌이켜 보면 우리는 다른 사람을 돕고자 하는 봉사의 깊은 갈망을 지니고 있음을 깨닫게 됩니다. 그 깊은 갈망의 성스러운 지반 위에 우리가 서 있다는 것을 인정할 수밖에 없습니다. 우리가 하는 일이 그저 단순한 직업 이상의 무엇임을 알고 있는 것입니다.

제가 당신 손길 안에서 쉴 수 있게 보살펴 주시는 하느님, 돌보는 일을 하며 제가 받는 축복에 감사드립니다. "저를 보내주시어" 다른 이들을 돌볼 수 있는 기회를 주셔서 기쁩니다. 감당할 엄두가 나지 않을 때에도 저는 그 일을 당신을 위하여 한다는 것을 알고 있습니다. 당신께서 저를 그이들에게 보내셨음을 항상 기억하게 하소서.

> 돌보는 이가 아무리 훈련을 잘 받은 사람이라 할지라도 고통으로부터 벗어나기를 바라는 다른 인간 존재와 만나는 것은 하나의 도전입니다. 의학적 훈련만으로는 충분하지 않습니다.(존 웰우드, 『마음을 일깨우기』, 9쪽)

　도움이 필요한 사람을 돌볼 때 무언가 강력한 것이 생겨납니다. 만남 전체가 단순히 신체적 돌봄의 수준을 훨씬 넘어서는 여러 가지 시련이 우리에게 주어집니다. 그 만남은 우리가 누구이며 무엇을 믿는지, 왜 우리가 돌보는 일을 하는지, 또 그 만남이 어떻게 우리에게 영향을 미치는지를 생각하게 만듭니다. 우리가 하는 일은 우리 자신이 현재 어떤 사람이며 앞으로 어떤 사람이 될 수 있는지가 융합되어 있는 것입니다.

인자하신 주님, 돌보는 일을 통해 어떤 시련이 주어지는지를 저로 하여금 명료하게 이해할 수 있게 도와주소서. 활짝 팔을 벌리고 그 시련을 맞이하게 하시고, 그 시련이 제게는 성장할 수 있는 기회이며 선물임을 알고 환영할 수 있도록 도와주소서.

> 야곱은 잠에서 깨어나 "참말 야훼께서 여기에 계셨는데도 내가 모르고 있었구나" 하며 두려움에 사로잡혀 외쳤다.(창세기 28:16)

나는 과연 그 같은 진실을 깨달았을까? 다른 이들을 돌보는 그 일상적 노고--냄새, 요구, 불편 그리고 기쁨들--의 한가운데서 이 메시지가 들려옵니다. "하느님이 바로 이곳에 계시다!" 하느님은 친구들 가운데, 어린아이와 환자, 집 없는 이들 가운데 거주하십니다. 그리고 하느님은 저를 통해서, 제가 하는 모든 선행 안에서, 일하고 계십니다.

하느님 저를 깨워주소서. 오늘, 당신이 현존하심을 유념하고 있게 하소서. 힘겨움에 지쳐 잊어버리고 있다면 제발 다시 상기시켜 주십시오. 당신의 현존을 잊고 있을 때에도 당신께서 제가 하는 일의 이유로 계셔 주소서.

> 하느님의 사랑을 받는 것은 우리 주위에 있는 모든 것이 하느님의 사랑임을 깨닫는 것입니다. 사람들 하나하나, 갖가지 꽃들, 온갖 상황과 시련을 통해 우리에게 말씀하십니다. 쉬지말고 문을 두드리시오. 그러면 당신은 이미 그 문안에 들어 와 있을 것입니다!(리처드 로어, 『철저한 은총』, 384쪽)

돌보는 일을 하는 사람은 놀라운 기회를 갖게 된 것입니다. 우리 자신을 벗어나고 넘어서서 다른 이들에게 봉사하도록 부름받은 것일 뿐만 아니라, 삶의 진수와 그 시련을 살아낼 기회를 갖게 된 것입니다. 우리가 돌보는 사람들 하나 하나에게, 그리고 우리 보살핌의 모든 측면이 사랑을 발견하고 사랑에 보답하도록 간절히 요청하고 있는 것입니다. 하느님의 사랑을 찾으러 헤매고 다닐 필요가 없습니다. 우리는 하느님의 사랑 안에서 살고 있는 것입니다.

사랑의 하느님. 제가 당신의 일을 할 수 있게 해주셔서 감사합니다. 이 세상에서 당신이 원하신 일, 사랑과 봉사를 할 수 있는 형편에 놓이게 하신 것에 감사합니다. 당신께서 저로 하여금 돌보라고 요청하신 그가 누구이든, 그 안에 당신께서 진정으로 살아계신다는 것을 안다는 건 얼마나 놀라운 것인지요. 제 환자나 제 아이들, 저의 학생들, 그리고 제 안에 당신께서 살아계시다니요! 찬미받으소서.

> 일어나십시오! 깨어나십시오! 회개하십시오! 새로운 정신을 지니십시오. 사물을 보는 새로운 시각을 가지십시오! "하느님의 나라가 도래했습니다!"(안토니 드 멜로, 『깨달음』, 27쪽)

우리가 단지 눈앞에 닥친 것만 보고, 또 눈에 보이는 것만이 전부라고 생각하면 곤경에 빠질 수 있습니다. 어쩌면 우리는 중요한 질문을 간과하고 있는지도 모릅니다. 즉 우리가 더 잘 이해할 수 있는 것이 무언가 더 있는 것은 아닐까요? 우리를 둘러싸고 벌어지는 일들이 우리가 어떻게 보고, 들을 것인가를 알기 전까지는 숨겨져 있는 것은 아닐까요? 우리가 돌보는 사람들과 나누는 상호작용은 우리가 새롭게 보기 시작하는 순간 경이로움으로 가득찬 것이 될 수 있습니다. 우리가 놓친 것이 없는지를 스스로에게 물어보고, 사람마다 자신의 여정의 드라마가 있다는 것을, 또 그 드라마에서 우리의 배역이 어떤 것인지를 깊이 생각할 때 그렇게 될 것입니다.

오 사랑하는 하느님. "너희는 눈이 있어도 보지 못한다"고 예수님께서 얼마나 자주 말씀하셨는지요. 저의 인식을 날카롭게 벼려주소서. 오늘 제게, 저 자신과 제가 돌보는 사람을 어떻게 하면 새롭게 볼 수 있는지 제게 알려 주소서. 제가 하는 일과 저의 존재양식이 무한한 가치를 지니고 있음을 볼 수 있게 하소서. 전에는 깨닫지 못했던 그 방식들 안에서 당신의 현존을 발견하게 하소서.

> 하느님께서는 각 사람에게 각각 다른 은총의 선물을 주셨는데 그것은 공동이익을 위한 것입니다.(고린도전서 12:7)

우리 각자를 통해서 그리고 우리가 하는 모든 일 안에서, 우리 각자의 개성을 통해서 우리는 다른 누구에게도 가능하지 않은 방식으로 성령의 은사를 실현합니다. 누군가를 돌볼 때 우리는 치유의 원천이며 영감과 위안의 원천이신 성령과 더불어 우리의 노력을 통합시킵니다. 이러한 사실을 잘 받아들임으로써 우리의 영혼에 불을 지피고 사랑으로 돌보는 일을 하려는 결심을 굳힐 수 있습니다.

성령이시여, 당신의 사랑과 치유, 지혜를 드러내시는 일에 저를 써 주소서. 당신은 저를 당신께서 베푸시는 돌봄의 독특하고 특별한 표지가 되게 해주셨습니다. 그 은사의 위대함에 감사하게 하소서. 제가 당신께 협조하는 일을 미루어 당신을 기다리시게 하는 일이 절대로 없게 하소서. 제가 행여라도 거부하는 일이 결코 일어나지 않게 하소서. 오늘 저로 하여금 우리의 공동협력을 유념하게 하소서.

> 지금 이 순간이 나를 무한히 풍요롭게 해주며 완전히 새롭고 독창적인 메시지를 전하는, 뜨겁게 달아오르는 장소로 나를 데려갑니다.(헨리 불래드,『모든 것이 은총』, 19쪽)

"바로 지금 이 순간" 안에서--우리가 준비하는 음식, 우리가 행하는 작은 도움 하나 하나, 고통을 덜어주려는 노력, 돌보는 모든 행위에서--보물을 발견할 수 있을 때 우리는 우리 존재의 바탕인 실재와 맞닿는 것입니다. 우리가 알아차리기를 기다리는, 우리를 둘러싸고 있는 은총과 경이로움을 볼 수 있게 될 것입니다. 지금이 바로 그 때입니다. 이 순간이 곧 은총인 것입니다.

무한하신 주님, 당신은 매 순간을 당신 자신으로 가득 채우고 계십니다. 저로 하여금 제 일상의 매순간마다 당신을 발견할 수 있도록 도와주소서. 당신은 매순간 "완전히 새롭고도 독창적인 전언," 값을 길 없는 보상을 가져다주는 전갈을 지니고 계심을 상기시켜 주십시오. 제가 헤매일 때엔 현재에 제 주의를 돌리게 해 주소서. 바로 이 순간이 제게 전하는 메시지에 제 마음을 열게 해 주소서.

> 한량없이 풍부하신 나의 하느님께서는 그리스도 예수를 믿는 여러분에게 필요한 모든 것을 풍성하게 채워주실 것입니다.
> (필립비 4:19)

은총은 어디에나 있습니다. 우리 삶에도 있고, 우리의 돌봄 안에도 있으며 우리를 둘러싼 모든 것에 다 있습니다. 그러나 은총을 발견하기 위해서는 잘 살펴보아야 합니다. 때로 우리는 좋은 일이란 언제나 특정한 방식으로 온다고 생각하거나 한계를 짓곤 합니다. 하느님이 어떻게 행하시는지 안다고 생각하기 때문에 하느님의 위대한 사랑이 온갖 방식으로, 놀라운 선물로 우리에게 베풀어지고 있음을 미처 알아차리지 못하는 것입니다.

사랑으로 충만하신 주님, 돌보는 일을 할 때나 또 제 삶의 다른 모든 순간순간마다 저를 지탱해주는 것은, 제 안에 있으며 저를 통해 드러나는 당신의 사랑임을 알고 있습니다. 당신께서 아낌없이 베푸시는 선물을 알아차릴 만한 곳에 숨겨 놓으시고 제가 찾아내기를 기다리신다는 것을 알면서 보물찾기에 나선 것처럼 오늘 하루를 살게 하소서.

> 여기 지상에서 당신의 소명을 다 마쳤는지 어떤지를 알 수 있는 테스트가 있습니다. 당신이 살아있다면 당신은 아직 소명을 다 마치지 못한 것입니다. (리처드 바크, 『환상』 159쪽)

    돌보는 일을 하는 사람은 소명을 지닌 사람들입니다. 소명이란 대개 우리가 반드시 해야만 하는 무엇을 말합니다. 소명이란 건강한 사명이며, 하느님의 성심에서 우러나오는 깊은 영감입니다. 우리의 돌봄이 우리 스스로 선택한 것이라기보다는 어쩔 수 없이 하게 되었을 때 어째서 우리는 등을 돌리지 않는 것일까요? 우리는 아마도 무엇인가 중요한 것이 여기서 이루어지고 있다는 것을 감지하기 때문일 것입니다. 그 "무언가"가 바로 사랑하라는 성령의 부르심일 것입니다.

사랑이신 하느님, 저의 돌봄이 그저 단순히 저의 환자나, 가족, 고객을 위한 것만이 아님을 알겠습니다. 제가 무엇에 임하고 있는지 진정으로 깊이 생각할 때, 제가 하는 돌봄의 행위를 통해 저 자신의 성숙이 이루어지고 있음을 알게 됩니다. 제가 돌봄 안에서 무언가 소명의식을 느낄 때 저로 하여금 그 소명에 따라 살게 하시고, 필요한 만큼 충분히 잘 보살필 수 있게 해주소서. 저의 돌봄의 여정에 당신의 영을 보내주시어 저를 굳세게 하여 주소서.

> 높은 산정에서, 대양이 일으키는 커다란 파도 앞에서, 기나긴 강줄기, 드넓은 대양, 별들의 운행을 보면서 사람들은 경탄하며 여행을 합니다. 그러나 자기 자신에 대해서는 경이로움을 느끼지 않고 지나쳐 버립니다.(성 어거스틴)

 자기 자신을 받아들이고 소중히 여기기를 그토록 어렵게 만드는 것이 무엇일까요? 자신을 소중히 여기는 것이 너무 자만에 찬 것이라고, 아니면 정치적으로 부적절한 것이라고 우리의 종교가 가르친 것일까요? 질병이나 역경을 잘 견디고 감당하는 다른 사람들을 보면서 우리는 놀라워합니다. 그렇지만 때로는 우리 자신도 놀라운 존재임을 깨달을 수도 있을 것입니다.

창조주이신 주님, 제가 놀라운 존재로 창조되었음을 느낍니다. 그리고 제게 주신 당신의 그 모든 선물에 감사드립니다. 지금의 제 존재, 지금의 저로 만들어지고 제가 해온 일과 제가 할 수 있는 모든 일에 감사드립니다. 느끼고 성장하고 배울 수 있는 저의 능력이 날마다 저를 은총으로 가득 채우고 있습니다. 그리고 그것들을 통해서 당신을 더욱 잘게 됩니다. 깊이 그리고 영원토록 감사합니다.

> 영적인 삶을 가득 채우는 것은 바로 순간이 지닌 친밀성 안에 있습니다.(콘필드, 『마음이 함께 하는 행로』, 338쪽)

현재를 무시하거나 평가절하하는 것은 우리가 진정으로 살고 있지 않음을 뜻합니다. 매 순간 우리는 그 순간이 우리에게 주는 것을 받아들일지 어떨지 선택하는 것이지요. 현재에 친밀하게 된다는 것, 즉 현재에 세심한 주의를 기울여 그 현재에 의해 변화될 가능성을 허용하는 것은 충실한 삶을 사는 것입니다. 바로 지금 이 순간이 사랑할 적절한 시간입니다. 지금 이 순간만이 유일한 기쁨을 위한 장소이며 이 순간이 우리가 진정으로 지니고 있는 유일한 것입니다. 이 순간이야말로 성스러운 것입니다.

현재의 하느님, 이 순간을 껴안아 제 가장 소중한 친구에게 하듯 주의를 기울이게 하소서. 저 자신을 현재와 담을 쌓고 갈라놓을 때 또한 삶과 삶이 주는 온갖 선물들과 맺는 훈훈한 관계를 차단하게 되는 것일 것입니다. 저 자신보다 더 제게 가까우신 주님, 제 마음을 열고 나아가 삶과 만나려는 위험을 감수할 때, 저와 함께해 주소서. 저로 하여금 저의 존재를 통해, 저의 창조를 통해 그리고 다른 사람들을 통해 지금 이 순간 역사하시는 당신의 성령의 세계를 알게 하소서.

> 이웃을 네 몸같이 사랑하라.(마태오 22:39)

우리는 하느님이 우리를 사랑하시는 만큼 자신을 사랑하는 것을 너무 자주 잊어버리는 듯 합니다. 자신에 대해 부정적이고 가혹하게 평가하려 하면서 우리의 몸과 마음을 그리 잘 돌보고 있지 못합니다. 그저 일을 해내기만 하면 족하다고 생각하지요. 돌봄의 첫번째 과제가 자신을 사랑하라는 가르침이라면, 얼마나 많은 사람이 그 과제를 성공적으로 해낼 수 있을까요?

하느님, 저 자신이 사랑할 만한 가치가 있는 존재임을 확신할 수 있도록 도와주소서. 어떻게 하면 다른 이에게 주는 사랑과 진정한 자기사랑의 조화를 이룰 수 있을지 보여 주소서. 저 자신을 잘 사랑할 줄 알게 되면 돌보는 이들을 위해서도 풍요한 사랑을 지닐 수 있으리라는 것을 알고 있습니다. 오늘 저로 하여금 저 자신을 사랑하는 방법을 생각할 수 있게 하소서. 진실로 저 자신을 사랑하지 않으면서 다른 이를 사랑하려 애쓰고 있다면 그 사실을 제가 알아차리게 하소서.

> 우리는 우리를 둘러싸고 있는 사물과 존재의 세부적인 것, 사소해 보이는 것들일지라도 더 주의를 기울일 수 있어야 할 것입니다. 그 어느 것도 의미없는 것은 없기 때문입니다.(불라드, 『모든 것이 은총』, 31쪽)

아주 극적인 사건이 일어날 때 우리는 벌떡 일어나 앉아 주의를 집중하곤 합니다. 때로는 우리에게 아무런 선택의 여지가 없을 때가 있습니다. 그래서 거기에 걸려넘어지지요. 우리가 자주 놓치고 마는 것들은 사실 작은 것들 안에 있는 선물입니다. 우리가 행하는 돌봄의 사소한 사항들, 우리가 돌보고 있는 사람들, 그리고 우리 자신 안에 있는. 크나큰 은총이 어쩌면 작은 보따리 속에 들어있을지도 모릅니다. 그 은총을 보려들지 않기 때문에 보따리를 열어보지 않는 것입니다.

위대한 것들의 하느님, 그리고 아주 작은 것들의 하느님, 장엄한 사건에서처럼 일상의 사소한 것들 안에서도 현존하시는 하느님, 작은 경이로움에도 제 눈길을 돌릴 수 있도록 허락하소서. 거기서 당신을 찾고 발견하게 하소서. 저로 하여금 감사의 희미한 미소에서 당신을 볼 수 있게 하시고, 감사하지 않을 때에도 숨어 계시는 당신을 발견하게 하소서. 제가 누군가를 도울 때 당신이 제게 의지하고 계심을 느끼게 하시고 제가 지치고 감응할 수 없을 것 같을 때 당신의 부르심을 듣게 하소서.

> 마음이 즐거우면 앓던 병도 낫는다.(잠언 17:22)

　　보살핌이 필요한 이들 뿐만 아니라 돌보는 일을 하는 사람에게도 기쁜 마음은 놀라운 명약입니다. 기쁨으로 가득찬 사람을 돌볼 때는 마음의 짐이 가벼워지고 우리가 행하는 일에서 즐거움을 발견할 수 있습니다. 즐거운 마음으로 돌보는 일을 할 때, 우리의 은총도 곱으로 늘어나고 삶은 제자리를 찾으며, 도움이 필요한 이들을 둘러싼 환경을 밝게 만들어 주게 됩니다. 기쁨이 우리를 내리누르는 무거운 짐을 덜어주는 것입니다.

기쁨과 즐거움이신 하느님, 저를 통하여, 저의 돌봄을 통하여 빛나소서. 제 마음을 당신의 기쁨으로 채우셔서 저의 돌봄의 손길이 필요한 이들에게, 또 저 자신에게도 행복과 치유의 원천이 되게 하소서. 제 속에 즐거운 마음을 창조하셔서 제가 최상의 명약이 되게 하소서.

> 마음으로부터 공경하고 축복하며 반기는 것은 결코 웅장하거나 거창한 사건처럼 이루어지는 것이 아니라 지금 이순간, 가장 즉각적이고 친밀한 방식으로 이루어지는 것입니다.(콘필드, 『마음과 함께 하는 행로』, 332쪽)

　　우리가 만나는 이들의 반응이 어떤 것이든 모든 돌보는 행위는 축복을 가져다줍니다. 날마다 사람들은 우리의 돌봄을 필요로 하고 있습니다. 어떤 상황에서도, 지극히 단순하고 하찮은 일에서도 돌봄은 우리에게 존중하고 축복하며 환대할 기회를 줍니다. 열린 마음으로 예민한 감수성으로 듣고 약간의 용기를 가진다면 우리는 그 순간과 그리고 사랑을 포착할 수 있습니다. 이러한 초대와 기회는 평범한 곳에 감춰져 있습니다. 기꺼이 돌보고자 하는 이들은 그런 것들을 발견할 수 있을 것입니다.

신비와 경이이신 주님, 제 마음을 열어 그저 그런 일상적인 것으로 넘겨버리기 쉬운 상황에서도 보고, 사랑하고, 축복을 전해줄 수 있게 하소서. 저는 엄청난 계기를 맞을 때만 당신과 저 자신을 생각하곤 합니다. 지금 여기 이 작고 범속한 곳에서 그리고 감추어진 시간 속에서 진정으로 존재하는 것을 발견할 수 있도록 도와주소서.

> 마이스터 에크하르트는 말합니다. "당신의 행위로 구원받는 것이 아니라, 당신 자신의 존재로 구원받는 것이다."(드 멜로, 『깨달음』, 87쪽)

돌보는 일을 하면서 우리는 우리가 하는 일, 음식을 주고 약을 먹이고 상태가 어떤지 살피고 또 함께 있어주는 것 따위가 얼마나 중요한지 압니다. 그렇지만 때로는 그런 일들을 하면서 우리가 어떤 영적 상태에 있는지가 더욱 중요합니다. 돌보면서 지니는 정신과 태도가 우리가 어떤 "존재"인지를 말해줍니다. 마지못해 하는 것이라면 자신을 인격적으로 왜소한 사람으로 만드는 것입니다. 사랑으로 가득찬 마음으로 하면 하느님의 영이 우리를 지원해 주십니다.

사랑하는 주님, 사랑은 제가 하는 모든 일 가운데 가장 중요한 성분입니다. 저의 모든 행위를 기꺼이 사랑하는 마음으로 할 때 제가 돌보는 이들의 본질과 만날 뿐만 아니라 저 자신의 존재도 영향을 받습니다. 비록 제가 하는 일이 필요 때문에 하는 일일지라도 그 일이 저의 존재, 저의 인간됨, 기꺼이 사랑하는 마음 안에 가장 큰 은총을 가져다준다는 사실을 깨달을 수 있도록 성숙하게 하소서.

> "너희는 남에게서 바라는 대로 남에게 해주어라."(루가 6:31)

이 단순한 삶의 규칙이 돌보는 이에게는 근본적인 규범입니다. 그렇지만 우리의 느낌, 근심, 잡념 따위가 끼어들기 쉽습니다. 우리는 대개 서로 같은 것을 원합니다. 존중, 이해, 그리고 필요할 때 함께 있어주는 것. 그것을 기억하면서 함께 공유하는 것이 필요합니다. 겸손이란 우리의 약점과 장점, 우리의 어두운 그림자와 빛을 수용한다는 것을 의미합니다. 겸손이 우리에게 가르쳐주는 교훈은 공감, 그리고 다른 사람의 입장이 되어보라는 것입니다.

사랑과 이해를 부어주시는 주님, 저로 하여금 당신의 사랑을 주위에 확산시킬 수 있도록 도와주소서. 상황을 개선시킬 아무 힘이 없을 때일지라도 사랑하고 돌보고 존중할 수 있는 용기를 주소서. 저 자신의 사람됨을 겸허하고 정직하게 받아들일 수 있게 하소서. 저 자신 역시 허약하고 때로는 도움이 필요하다는 사실을 겸손하게 깨닫게 하소서. 당신의 은총을 내려주시어 겸손을 다른 이에 대한 공감으로 변화시킬 수 있도록 해 주소서.

> 아직까지 하느님을 본 사람은 없습니다. 그러나 우리가 서로 사랑한다면 하느님은 우리 안에 계시고 또한 하느님의 사랑이 우리 안에서 이미 완성되어 있는 것입니다.(요한 1서 4:12)

돌보는 사람이 되기로 작정한 우리들 가운데 많은 이가 도움이 필요한 사람들을 나아가 만나고 그들의 고통을 덜어주는 일로 익사할 것 같은 느낌을 가질 때가 많습니다. 돌보는 일은 신적인 사랑, 우리의 돌봄을 신체적인 차원을 넘어서는 치유로 변화시킬 수 있는 그런 사랑의 표현이 될 수 있습니다. 하느님의 사랑은 우리를 통해 우리를 넘어서서 흐르며 우리의 돌봄을 완전한 것으로 만들어줄 수 있습니다.

하느님, 당신은 당신 자신을 사랑이라 이름하셨나이다. 당신이 저를 사랑하시듯 저 자신을 사랑할 수 있도록 도와주소서. 저 자신에 대한 사랑이 힘있고 정직하며 부드럽고 연민으로 가득찬 것이 되게 해주소서. 저는 당신이 창조하신 소중하고 유일한 선물처럼 저 자신을 사랑하고 싶습니다. 사랑으로 가득찬 마음으로 저 자신을 사랑하면 그 사랑의 풍요함을 제 형제자매에게 쏟아부을 수 있을 것입니다.

> "위로하여라. 나의 백성들을 위로하여라" 너희의 하느님께서 말씀하신다.(이사야 40:1)

우리는 모두 위안에 대하여 나름대로 좋아하는 이미지를 지니고 있습니다. 하루의 고단한 일을 마치고 편안한 의자에 깊숙이 앉아있는 상태, 또는 심란하거나 공포에 질려있을 때 누군가가 껴안아주는 것 따위의 이미지를. 돌보는 이로서 우리는 아마도 온갖 종류의 위안을 주는 방법을 알고 있을 것입니다. 그렇지만 위안은 내면으로부터, 우리의 가슴으로부터 나와야 하는 것입니다. 위안은 우리의 기술이나 제스처를 초월하는 부드럽고 따뜻하게 함께 있어주는 것으로 시작됩니다.

위안을 주시는 주님. 저로 하여금 고통과 슬픔에 빠져있는 이들의 마음을 달래주고 그들이 겪는 고난과 비탄을 덜어주며 위로와 희망을 줄 수 있게 해주소서. 상황을 바꿀 수 있는 힘이 전혀 없을 때일지라도 위안을 줄 수 있는 방법을 발견하도록 도와주소서.

> "남에게 주어라, 그러면 너희도 받을 것이다. 말에다 누르고 흔들어 넘치도록 후하게 담아서 너희에게 안겨주실 것이다. 너희가 남에게 되어주는 분량만큼 너희도 받을 것이다."(루가 6:38)

마음이 넓은 사람은 얼마나 베풀었는지 재어보려고 수고하지 않을 것입니다. 그렇지만 하느님께서는 온갖 종류의 선물을, 우리가 다 받아 안지도 못할 만큼 많은 것을 쏟아부어 주시리라고 그리스도께서 하신 약속은 우리 마음을 기쁘게 합니다. 관대하게 베푸는 사람들은 마치 받고 싶은 온갖 선물의 목록을 지닌, 크리스마스를 맞은 어린이처럼 원하는 것뿐만 아니라 더 많은 것을 받게 될 것입니다.

풍요한 선물을 주시는 하느님, 당신은 제가 감히 꿈도 꿀 수 없었던 것들을 자주 제게 주십니다. 당신이 제게 주시는 만큼 제가 베풀지 못하는 경우에도 축복을 주고받도록 은총을 받고 있나이다. 찬양과 감사 받으소서.

> 탄생은 한 가지 행위가 아니라 과정입니다. 삶의 목표는 충만한 삶으로 태어나는 것입니다. 많은 사람들이 그처럼 탄생을 충만하게 이루기 전에 죽어버리고 마는 것이 비극이지요. 산다는 것은 매순간 태어나는 것입니다. 죽음은 단지 탄생이 멈출 때 일어나는 것일 뿐입니다. (에릭 프롬, "평안의 본질," 웰우드, 『마음을 일깨우기』, 61쪽에서 중인)

우리의 존재와 행위의 모든 것 안에서 우리는 자기 자신을 태어나게 하는 과정 중에 있습니다. 돌봄의 매 순간이 다른 이를 도와주는 것일 뿐만 아니라 우리 자신의 삶을 태어나게 하는 기회가 되는 것입니다. 우리가 하는 행위뿐만 아니라 우리가 행하는 방식이 우리 자신을 창조하는 한 부분인 것입니다.

언제나 저의 사람됨을 지켜주시는 주님, 밤이 되어 잠자리에 들 때 저는 아침에 깨어났을 때의 저와는 같은 사람이 아니라는 것을 일깨워 주소서. 날마다 저는 더 충만한 삶을 이루거나 아니면 삶을 고사시키는 선택을 하고 있는 것입니다. 제가 돌보는 사람들에게, 또 어떤 처지에 있든지 간에 저의 태도와 행위, 그리고 저의 존재 방식 전체가 건강하기를 원하나이다. 또한 제가 끊임없이 삶을 태어나게 하는 성스러운 한 부분이기를 원하나이다.

> 치료를 위한 만남은 친밀한 관계에서처럼 신비, 경이, 그리고 예측할 수 없는 것들로 가득차 있습니다.(웰 우드, 『마음을 일깨우기』, 서문 4쪽)

　　다른 사람과 친밀함을 나누는 것은 돌보는 일을 하는 사람의 자연스러운 본분입니다. 우리는 돌봄 안에서 개인적이고 사적인 영역에 들어갈 수 있도록 허락받은 것입니다. 우리가 다른 이에게 감응하는 존재로 자신을 내어놓을 때 우리가 미처 준비하지 못했던 성장의 기회가 특권으로 찾아옵니다. 이전에는 결코 상상할 수 없었던 방식으로 우리는 감동을 받게 될 것입니다. 아마도 우리가 할 수 있는 최선의 응답은 마음깊이에서 우러나오는 감사가 될 것입니다.

저희와 친밀함을 나누시는 주님, 저로 하여금 열린 마음이 되도록 지켜주시고 제가 돌보아주는 이로부터 주어지는 친밀함의 은총을 받을만한 존재가 되게 하소서. 그들이 제게 지니고 있는 신뢰를 결코 저버리지 않게 하시고 그들의 자비로우며 신비스러운 자아의 선물로부터 제가 성장할 수 있을 가능성을 결코 외면하지 않게 하소서.

> 하느님께서 우리에게 주신 은총의 선물은 각각 다릅니다. 가령 그것이 예언이라면 자기 믿음의 정도에 따라서 써야 하고 그것이 봉사하는 일이라면 봉사하는데 써야 하고 가르치는 일이라면 가르치는데 써야 하고... 자선을 베푸는 사람은 기쁜 마음으로 해야 합니다.(로마서 12:6-8)

기쁨에 넘침은 훌륭한 영적 상태에 있음을 보여주는 것입니다. 돌보는 이가 좋지 않은 영적 상태에 있다면 보살핌을 받는 사람에게 책임을 져야 할지도 모릅니다. 돌보는 사람이 날카롭고 마음이 비뚤어진 사람이라면 자신을 거스르며 일하는 것입니다. 희망, 기쁨, 부드러움을 지니지 않고 돌보는 일을 한다면 어떻게 돌보는 행위가 생명을 주는 유익한 것일 수 있겠습니까? 돌보는 사람으로서 우리의 행실이나 태도--우리의 영혼--가 우리의 의도와 일치하는지 어떤지, 아니면 혼란스러운 의미만 던져주는 것은 아닌지 늘 생각해야 할 것입니다.

하느님, 저는 비현실적으로 기뻐하거나 마음이 밝기를 바라지 않습니다. 그렇지만 저의 돌봄을 훼손하고 싶지도 않습니다. 어떻게 하면 진정으로 기쁜 마음이 될 수 있는지 알 수 있게 도와주소서. 저의 영혼을 당신의 현존으로 밝혀주시어 일이 어려울 때나 제 환자로 인해 고통스러울 때에도, 그리고 제가 지치고 괴로울 때에도 제 영혼이 진실로 선한 상태를 유지할 수 있게 해주소서.

> "소인에게 명석한 머리를 주시어 당신의 백성을 다스릴 수 있고 흑백을 잘 가려낼 수 있게 해 주십시오. 감히 그 누가 당신의 이 큰 백성을 다스릴 수 있겠습니까?"(열왕기상 3:9)

한 사람이 다른 사람에게 줄 수 있는 가장 위대한 선물가운데 하나는 관심을 기울이는 것입니다. 온갖 잡념을 한 쪽으로 밀쳐두고 진심으로 다른 사람에게 주의를 기울이는 것은 그에게 강력하고도 귀중한 선물을 주는 것입니다. "당신은 중요한 사람입니다. 의미있는 분입니다. 관심을 가질 수 있는 온갖 것들을 제쳐두고 저는 당신을 선택했습니다." 라고 말하는 것입니다. 돌보기 위해 하는 필요한 모든 행위와 함께 그런 선물을 주는 것은 그 자체로 치유를 가능하게 해줍니다.

사랑하는 하느님, 제가 알고 있는 것, 그리고 사람들을 위해 할 수 있는 것들에 관심을 가지는 것은 얼마나 쉬운 일인지요. 그러면서도 가장 중요한 것은 다른 이와 제가 맺고 있는 관계라는 것을 얼마나 쉽게 잊어버리는지요. 저의 모든 지식과 기술, 그리고 행위를 넘어서 무엇보다도 소중한 치유의 은사란 저의 진지한 관심과 제가 진실로 귀기울여 들어주는 일일 것입니다. 저로 하여금 돌보는 일의 기교에만 사로잡혀 그 본질적 핵심을 놓치지 않게 하소서.

> 사랑이 발견될 수 있는 곳, 친밀성과 각성이 발견될 수 있는 곳은 오직 한 곳 밖에는 없습니다. 그것은 바로 이 순간 속에 존재합니다.(잭 콘필드, 『마음이 함께 하는 행로』, 333쪽)

우리는 오직 현재에만 사랑할 수 있습니다. 과거에 우리가 사랑했던 사람들을 기억할 수 있고 미래에 사랑할 사람에 대해 희망을 가질 수도 있습니다. 그러나 우리가 실제로 사랑할 수 있는 유일한 시간은 지금 이 순간입니다. 친밀함을 느낄 수 있는 진정한 기회, 우리가 공유하는 인간성을 깨달을 수 있는 기회는 현재입니다. 우리의 보살핌이 필요한 사람들과 함께 있을 때, 그 시간이 우리 둘 모두에게 독특하고 다시 되풀이될 수 없는 사랑의 계기를 마련해 줍니다. 어떤 이들이 시간을 거룩한 순간의 퍼레이드로 묘사하는 것은 놀라운 것이 아닙니다.

사랑의 하느님, 상대가 완벽한 사람이 되어야 사랑으로 나아가려고 기다리고만 있다면 저는 그 누구도 사랑하지 못하게 될 것입니다. 제가 돌보아주는 사람 어느 누구도 완전한 이는 없습니다. 저 역시 완전하지 못합니다. 사랑을 주고받을 기회를 더 이상 놓치지 말고 불완전한 사람과도 사랑을 나눌 수 있게 해주소서. 돌보는 일이 저에게는 엄청난 기회입니다. 하느님, 당신의 도움으로 그 거룩한 순간을 향해 깨어나게 하소서.

> 마음이 즐거우면 얼굴이 밝아진다.(잠언 15:13)

말 한 마디 하지 않고도 우리는 서로에게 영향을 줄 수 있습니다. 서로 바라보는 것만으로도 마음이 고양될 수도 있고 또 반대로 가라앉을 수도 있습니다. 누군가가 우리에게 즐거운 인사를 건네면 한참 후까지도 우리는 그들의 즐거운 미소의 영향을 여전히 느낍니다. 누군가의 분노, 부정적 태도, 우울함도 마찬가지로 영향을 줍니다. 그런 것에 마주치고 나면 우리는 불안정하고 낙심이 되고 혼란스러워집니다. 우리의 존재양식만으로도 우리가 다른 사람에게 영향을 미칠 수 있는 힘을 지니고 있다는 것을 생각한다면 다른 사람을 돌볼 준비를 하면서 날마다 우리가 "걸칠" 태도와 방식을 한 번 더 생각해 보게 될 것입니다.

상대방에게 깊은 영향을 줄 수 있는 사람으로 우리를 지으신 하느님, 오늘 제가 돌보는 일을 하면서 짓는 태도와 행동이 그들에게 도움이 될 수도 있고 해를 끼칠 수도 있다는 것을 저로 하여금 알게 하소서. 일이 힘겨울 때도 제 마음이 즐거울 수 있도록, 제 얼굴이 사랑과 은총으로 빛나게 해주소서. 제가 하는 일이나 저의 태도가 사랑과 즐거움, 감사에 찬 가슴으로부터 나오게 해주소서.

> 지금 이 순간, 내가 사랑과 온유함의 중심이 된다면, 이 세상은 바로 직전에는 없었던, 작지만 결코 하찮은 것이 아닌 방식으로, 사랑과 온유함의 핵을 갖게 됩니다.(존 카밧진, 『어디로 가든지 거기 당신이 계십니다』, 162쪽)

다른 사람이 우리의 돌봄을 알아채지 못할 때 우리는 스스로를 하찮게 느끼기 쉽습니다. 내가 좋은 일을 하는지, 나쁜 일을 하는지, 사랑으로 일하는지 아닌지 아무도 모를 것이라고 생각할 수도 있습니다. 고립되어 있다고 생각하면 무엇에도, 누구와도 아무 연결을 느끼지 못합니다. 그러나 그럴 경우에도 우리는 모두 연결되어 있습니다. 우리 각자는 같은 현실의 독특한 현시입니다. 우리의 존재 안에서 어떤 움직임이 일어나든지, 우리의 생각과 행동에 어떤 변화가 일어나든지, 그 모든 것이 우주의 모든 부분에 영향을 준다는 것을 깨닫지 못할지도 모릅니다. 그렇지만 우리는 사랑과 온유함의 중심이 될 수 있으며, 그 사랑과 온유함은 널리 퍼질 것입니다.

사랑하는 주님, 당신은 우리 모두를 큰 세계의 한 조각으로 창조하셨습니다. 우리는 모두 그 안에 함께 있습니다. 저의 선택이 사랑과 평화, 그리고 우주의 조화를 신장시킬 수도 있고 위축시킬 수도 있습니다. 당신의 은총을 내려주시어 제가 매순간 사랑과 온유함의 중심이 될 수 있게 해주소서.

> 따뜻한 동정심과 친절한 마음과 겸손과 온유와 인내로 마음을 새롭게 하여 서로 도와주고 피차에 불평할 일이 있더라도 서로 용서해 주십시오. 주님께서 여러분을 용서하신 것처럼 여러분도 서로 용서해야 합니다. 그뿐만 아니라 사랑을 실천하십시오. 사랑은 모든 것을 하나로 묶어 완전하게 합니다.
> (골로사이 3:12-14)

흰색 유니폼, 목에 건 청진기 따위는 간호사나 의사, 병원에서 돌보는 사람들을 나타내는 기호입니다. 그러나 돌보는 이 가운데는 유니폼이나 보살핌의 상징을 띄고 있지 않은 이들도 있습니다. 우리는 자신이 어떻게 알려지기를 원할까요? 보살펴주어야 할 사람들에게 다가갈 준비를 하면서 자신이 지녀야 할 덕목이나 특성의 목록을 점검해야 할 것입니다. 그래서 환자들이 우리 자신들을 돌보는 사람으로 맞게 된 것이 얼마나 행운인지를 알 수 있도록 말입니다.

사랑하는 주님, 오늘도 당신이 기뻐하실 내적 복장을 잘 갖추어 입도록 도와주소서. 저로 하여금 연민과 용서의 옷을 입게 하여 아름답고 강하게 해주소서. 힘겨울 때 온유함과 인내심을 지닐 수 있게 해주소서. 분노와 정죄의 마음이 솟구칠 때에도 이해와 용서하는 마음을 발견하게 하소서. 무엇보다도 주님의 사랑이 제 안에 흐르고 제가 행하는 모든 일에 그 사랑이 관통하게 하소서.

> 지금이 바로 그 때이며 오늘이 바로 구원의 날입니다.(고린도후서 6:2)

우리는 과거에 일어났던 일이나 미래에 우리가 계획하는 일에 빠져드는 때가 자주 있습니다. 그렇지만 진정으로 관심을 기울일 것이 요청되는 시간은 바로 지금, 우리의 보살핌을 필요로 하며 우리 앞에 있는 사람과 함께 있을 때입니다. 과거에 살거나 미래의 꿈에 젖어 있으면 현재 이루어지고 있는 삶을 놓칩니다. 지금이 바로 가장 중요한 순간입니다. 우리는 지금 이 순간을 맛보고, 그 순간을 살고, 음미할 필요가 있습니다. 지금 이 순간이 거룩한 것과 조우하는 시간인 것입니다.

살아계시는 주님, 저를 도우시어 제가 유일하게 지닐 수 있는 것은 바로 지금 이 시간이며 이 시간이 가장 소중하다는 것을 언제나 명심하게 하소서. 그것을 깨달을 때 저는 모든 "지금"이 특별한 순간이며 모든 곳이 성스러운 공간임을, 그리고 제가 하는 일이 무엇이든 거룩한 봉사임을 또한 깨달을 수 있게 될 것입니다. 당신은 지금 이 순간에 살고 계십니다. 저로 하여금 당신의 현존을 놓치지 않게 하소서.

> 어떤 행위에 가치를 부여하는 것은 행위 그 자체가 아니라 어떤 정신으로 그 행위가 이루어지는가에 달려있습니다. 삶을 영원에 이르게 하는 사람에게는 그 무엇도 사소하거나 평범한 것이란 없습니다.(불래드,『모든 것이 은총』, 46쪽)

돌보는 일이 빛나는 순간--놀라운 치료, 특별함으로 고양된 감각, 깊은 자각--으로 찾아오는 것은 아주 드뭅니다. 우리 일상의 대부분은 그저 살아가는 평범한 일로 채워집니다. 그 어떤 것도 특별하게 드러나지 않습니다. 우리는 나날을 그저 그렇게 특별한 변화없이 지냅니다. 돌보는 일은 아주 평범한 것이어서 돌보는 일을 할 때 우리가 얼마나 깊은 의미를 지닌 일을 하고 있는 것인지에 대한 감각을 잃어버릴 수 있습니다.

하느님, 돌보는 일이 너무도 평범하고 일상적이며 판에 박힌 듯 느껴집니다. 별 볼일 없는 일을 아무 생각없이 꾸역꾸역 하고 있는 것만 같을 때가 대부분입니다. 주님, 저로 하여금 당신의 눈으로 볼 수 있도록 도와주소서. 제가 하는 단순한 일들을 하나 하나 당신이 지켜보고 계시다는 것, 그리고 저의 돌봄이 거룩한 것이고 무한한 가치를 지닌 일임을 깨닫게 하소서.

> 그대가 선물로 받은 그 거룩한 직무를... 등한히 하지 마시오.
> (디모테오전서 4:14)

우리는 서로 비슷한 자질을 많이 지니고 있지만 돌보는 일을 하는 사람이 모두 똑같지는 않습니다. 제각기 특별한 자질, 그 어떤 이도 똑같이 할 수 없는 그런 재능을 지니고 있습니다. 자신이 지닌 특별한 재능을 알고 있는지요? 자신의 독특한 개성을 깨닫고 있습니까? 우리는 바로 이 특별한 사람에게, 다른 누구를 통해서도 불가능한 그런 존재가 되어주는 방식을 하느님께 봉헌하는 것이라는 사실을 인식하고 있는지요?

무한히 다른 모습으로 드러나시는 하느님, 이 세상에서 제가 어떤 존재로 서 있는지를 생각할 수 있다니 얼마나 기쁜지 모르겠습니다. 우주의 아름다움과 풍요함의 한가운데서 저의 존재방식은 유일한 것이라니요. 제가 지니고 태어난 재능을 계속 키우고 발전시킬 수 있도록 도와주소서. 당신께 '네'라고 응답할 때 당신께서 저 없이는 하실 수 없는 그런 존재방식을 당신께 봉헌하고 있음을 알게 되니 참으로 놀랍습니다. 주님, 감사합니다.

> 무엇보다도 먼저 다른 이를 있는 그대로, 우리의 관념이나 선입견을 버리고 그 인간됨을 명료하게 바라볼 수 있을 때에야 우리는 다른 이의 가치를 알 수 있습니다. (웰우드, 『마음의 각성』, 8쪽)

　　다른 이를 돌볼 때 생기는 위험가운데 하나는 우리가 그들을 잘 알고 있다고 착각한다는 것입니다. 그들이 우는 것을 듣고 그들의 근심걱정을 함께 나누고 콧물을 닦아주면서 그들을 전부 다 안다고 믿어버릴지도 모릅니다. 그렇지만 실상 우리는 그들이나 그들과 비슷한 다른 사람과 겪었던 과거의 경험이라는 안경을 통해 보고 있는 것입니다. 그 사람이 진정으로 어떤 사람인지 그 독특한 개성이나 신비를 볼 수 있도록 우리 자신을 열어놓지 못하기 때문에 제대로 알지도 못하는 사람을 돌보고 있는지도 모릅니다.

지혜로우신 주님, 저로 하여금 제가 돌보는 사람의 독특한 자질을 볼 수 있는 열린 사람이 되게 하소서. 하느님, 사람 하나 하나에게서 당신 자신을 보여주실 때, 당신의 놀랍고도 무한한 존재의 의미를 제가 제대로 볼 수 있도록 도와주소서. 그들이 저에게 그리 하듯이 저 자신을 그들에게 열어놓을 때 제가 치유의 원천이 될 수 있다는 사실을 알 수 있도록 이끌어주소서.

> 예수께서 측은한 마음이 드시어 그에게 손을 갖다 대셨다.
> (마르코 1:41)

　다른 사람이 겪는 질병이나 고통이 우리를 그들에게 다가가게 합니다. 갖가지 방법으로 그들과 접촉하지요. 목욕을 시키고, 먹이고, 마사지를 해주고, 몸을 움직이게 해주며, 그이들을 만집니다. 다른 이가 겪고 있는 참상을 느끼고 연민으로 대하며 또는 그저 단순하게 그들을 만지기도 합니다. 만진다는 것은 우리가 그들과 함께 하고 있다는 것을 웅변해주는 가장 강력한 방법입니다. 우리 자신도 역시 다른 사람이 사랑으로 어루만져주지 않으면 움츠러들고 죽을 수 있는 것입니다.

　하느님, 저로 하여금 제 보살핌을 받고 있는 사람을 항상 사랑으로 어루만지고 존중할 수 있도록 도와주소서. 그리고 저도 만져주소서. 지치고 침울할 때, 혼자임을 느낄 때나 제가 하고 있는 일이 잘못되었다고 느낄 때, 당신이 제게 연민을 느끼시고 손을 뻗으시어 저를 어루만져주신다는 것을 알게 하소서. 오늘 당신의 손길을 느끼게 해주소서.

> 하느님을 사랑하는 이들에게는 모든 것이 좋은 것으로 바뀐다고 한 성서의 구절을 기억하십니까? 여러분이 마침내 깨닫기만 한다면 좋은 일이 일어나게 하려고 애쓰지 않아도 저절로 좋은 일이 일어나는 것입니다.(드 멜로, 『깨달음』, 88쪽)

　우리 삶에서 무엇이 좋고 나쁜지 판단해버릇 하는 우리 자신을 자주 발견하게 됩니다. 우리가 원하는 대로 되면 좋은 것이라고 결론을 내리고 사태가 마음에 들지 않으면 나쁜 것이라고 생각합니다. 나쁜 것으로 생각되는 일도 때로는 우리에게 좋은 것으로 드러나는 경우가 있지 않습니까? 그다지 시련을 겪지 않을 때와 마찬가지로 우리가 나쁜 것으로 생각하는 시련과 어려움을 체험하면서 인격적으로 성장하고 발전할 수 있지 않습니까?

사랑의 하느님, 다른 이를 돌보면서 잠시 멈추어, 저에게 시련을 주는 일, 제가 좋아하지 않거나 일어나지 않았으면 하는 일에 대해서 생각하게 하소서. 제게 주어진 일에서 좋은 점을 발견하고 어려운 시기를 당신과 함께 일하는 것임을 이해할 수 있도록 도와주소서. 모든 것의 한가운데에 당신이 계심을 기억한다면 제가 어떻게 좋은 것이 아닌 다른 것을 볼 수 있겠나이까?

> 당신의 삶이 진정한, 살아있는 세상에서 실천적 활동을 향해, 다른 사람과 함께, 그리고 내가 아닌 것과 함께 움직이지 않는다면, 당신의 영성을 신뢰하지 마십시오.(리처드 로어, 『철저한 은총』, 321쪽)

돌보는 일은 우리 자신을 밖으로 끌어낼 수 있는 기회, 다른 이와 그들이 필요로 하는 것이 무엇인지에 관심을 기울일 기회를 줍니다. 다른 사람에게 가 닿고 자신을 기꺼이 내어놓으며 따뜻하고 사랑으로 가득찬 돌봄을 행할 때, 돌보는 우리 자신이나 우리의 보살핌을 받는 이들이 모두 신체적인 차원을 훨씬 넘어서는 것을 얻게 될 것입니다.

하느님 제가 돌보아주는 이들과 함께 하는 일이 진정으로 저 자신을 잊고 성장의 공동체로 결합되게 하는 시간이 되게 하소서. 저의 돌봄이 저 자신을 넘어서서 흠없는 완벽함을 향해 나가는 저의 여정에 진정한, 땅에 굳건히 뿌리내린 실천적 행로임을 저로 하여금 볼 수 있게 하소서.

> 본질적인 것은 내가 어떤 일을 하는가가 아니라, 그 일에 부여하는 의미입니다. 일단 의미를 두고 하게 되면, 그 어떤 일도 더 이상 평범한 것이 아니며 아주 보잘 것 없는 현실도 신성하고 영원한 차원으로 변합니다.(불래드, 『모든 것이 은총』, 46쪽)

우리는 돌봄의 작은 행위는 별 것 아니라고 폄하하면서 겉으로 보기에 큰 일이나 중요한 것에만 주목하는 경향이 있습니다. 마음을 돌려 선을 이루려는 명백한 의지를 가지고 행한다면 아무리 작은 일이라 해도 "신성하고 영원한 차원의 것으로 변모"된다는 것을 깨달을 필요가 있을 것입니다. 그러면 아주 작은 행위 하나라도 영원한 생명을 지닌 눈부신 광채로 빛날 것입니다.

빛이신 하느님, 제가 하는 작은 일들, 기저귀를 갈아주고 물을 마시게 해주고 얼굴을 씻어주고 어질러진 방을 치우는 일들이 당신이 보시면 변모하여 태양처럼 빛나는 것이 됩니다. 제가 하는 모든 일이 당신께, 그리고 제가 돌보는 이에게 선물이었으면 좋겠습니다. 날마다 삶이 제게 주는 기회를 즉각 알아볼 수 있었으면 좋겠습니다. 사랑의 온갖 모습에 감사드립니다.

> 여러분은 모두 한 마음을 품고 서로 동정하고 서로 형제처럼 사랑하며 자비심을 가지고 겸손한 사람들이 되십시오. 악을 악으로 갚거나 욕을 욕으로 갚지 말고 도리어 축복해 주십시오. 그러기 위해 여러분은 부르심을 받았습니다. 그렇게 하면 여러분은 하느님께서 약속하신 축복을 받게 될 것입니다.
> (베드로 전서 3:8-9)

　　돌보는 일을 하는 사람들은 사도 베드로의 말씀으로 하루를 시작할 수 있을 것입니다. 이는 지혜로운 의사의 명령입니다. 베드로 사도는 우리가 다른 사람에게서 어떤 대접을 받고 싶어 하는지를 묘사하십니다. 그분의 말씀은 우리의 영혼에 심고 가꾸어야 할 그리고 기억해야 할 덕목의 씨앗입니다. 씨앗이 자라는 동안 우리는 진정으로 우리가 돌보는 이들에게 축복이 될 수 있을 것이며 우리 또한 축복으로 보답받을 것입니다.

사랑하는 하느님, 저는 얼마나 자주 부드러운 마음을 지니지 못하고 영혼이 겸손하지 못한지요. 그렇지만 이 세상의 악이나 악습에 한 몫 하는 일은 하고 싶지 않습니다. 이미 넘쳐날 만큼 많으니까요. 제 마음이 굳어있거나 냉담할 때, 상처받은 마음이 될 때, 그런 감정을 의지를 다하여 축복의 감정으로 바꿀 수 있게 해주소서. 당신의 도움이 필요합니다. 사랑할 수 있도록 이끌어주소서.

> 마음의 행로를 따라 살고 깨달음에 헌신하는 삶을 살 때, 우리에게 닥치는 일이 무엇이든, 아무리 어려워도, 또 아름답든 그렇지 않든 다 받아들여야 합니다. 그리고 지극한 친밀감을 지니고 그것에 우리의 존재와 마음을 실어야 합니다.(콘필드, 『마음과 함께 하는 행로』, 338쪽)

　　삶에서 일어나는 일을 우리가 언제나 선택할 수 있는 것은 아닐 것입니다. 그렇지만 그런 일을 놓고 무엇을 할 것인가, 어떻게 대처할 것인가는 선택합니다. 우리의 성격이란 우리가 당면한 현실, 우리가 원하고 좋아하는 것과 원하지도 않고 또 하기 버거운 일들을 어떻게 처리하는가에 달려있는 것 같습니다. 매 순간 우리는 각성하고 성숙하기로 작정하든지 아니면 거부하고 말 것인지 하는 선택에 직면하는 것입니다.

　　제 삶에서 일어나는 모든 것이 저의 인격을 형성하는 새로운 단계로 접어들게 합니다. 제가 돌보는 이들, 그들의 모든 빛과 그림자가, 제가 필요로 하는 것을 제게 건네주는 것으로 볼 수 있게 하소서. 오 하느님, 저를 도우시어 당신이 보시듯 현실을 볼 수 있게 하시고 제가 돌보는 이들 하나 하나를, 그들이 제게 가져다주는 모든 것을 환영할 수 있게 하소서. 당신께로 향하는 여정에 우리가 함께 동행하게 하소서.

> 집착하면 삶이 파괴됩니다. 무엇에 집착하여 매달리게 되면 더 이상 살아있는 것이 아닙니다.(드 멜로, 『깨달음』, 111쪽)

　삶은 끊임없이 변화합니다. 삶은 흐름이지요. 병든 이를 돌보면서 우리는 건강과 생명에 매달려 안달하고, 우리가 성공이라고 부르는 것, 자신이 유능하고 언제나 올바르며 병자가 우리의 책임소관이라는 생각에 집착하곤 합니다. 너무 오래 또 온전히 우리의 통제아래 두려고 하면 우리는 삶의 자연스러운 흐름을 방해하는 것일지도 모릅니다. 우리는 사람이나 상황이 우리가 원하는 상태로 머물러 있기를 바라지요. 그런 집착이 삶의 역동성을 거부하고 그리고 끝내는 절망적인 것으로 만듭니다.

　흐르는 삶이신 하느님, 저로 하여금 삶의 변화에 '네' 라고 대답하는 사람이 되게 하소서. 저 자신의 삶을 가득 채우게 하소서. 삶에 집착하려고 하거나 그 변화의 과정을 차단하는 선택을 하지 않게 하소서. 저는 저를 기쁘게 하는 것에 매달리는 경향이 있음을 압니다. 저를 도우시어 제가 삶에 집착할 때 삶에서 제가 사랑하는 무엇을 지워 없애버리고 있다는 사실을 볼 수 있게 하소서.

> 여러분은 무엇을 하든지 모든 일을 오직 하느님의 영광을 위해서 하십시오.(고린도전서 10:31)

우리의 생활은 온갖 할 일들로 북적입니다. 돌봄은 우리의 일상을 채우는 단지 한 부분일 뿐입니다. 물론 엄청나게 시간을 잡아먹는 일이긴 하지요. 때로는 우리가 어디로 가고 있는지 모르는 경우도 있습니다. 그렇지만 우리의 삶에서 진행되는 일은 무엇이나 완전성과 거룩함을 향해 성장하도록 사용할 수 있는 원료들입니다. 과연 우리는 하느님의 영광을 위해 그 모든 일을 하고 있는지요?

사랑하는 하느님, 저는 제 삶의 어떤 부분도 잃고 싶지 않습니다. 제가 하는 일, 제가 느끼는 것 그 모두를, 삶의 매순간을 다 원하고 당신과 함께 나누고 싶습니다. 당신은 언제나 저와 함께 계십니다. 제가 좋을 때나 어려울 때나, 엉망진창일 때나 매사가 정연할 때나, 목적을 잊고 안이함에 빠져있을 때나 평온하고 평화로울 때나 그 모든 시간과 장소에 함께 계십니다. 당신께서 그 모든 경우에 예비해 주시기 소망하나이다.

> 깨달음을 얻기 위해서 여러분에게 필요한, 가장 중요한 것은 에너지나 힘, 또는 청춘이나 대단한 지능 같은 것이 아닙니다. 당신에게 가장 필요한 것은 무언가 새로운 것을 배우려는 준비된 자세입니다.(드 멜로, 『깨달음』, 28쪽)

우리의 모든 체험은 우리에게 무언가를 가르칠 수 있습니다. 돌봄은 온갖 가능성으로 가득차 있습니다. 인간의 가장 기본적인 필요와 관계의 한가운데 있기 때문입니다. 서로를 돌보아 줄 때 우리는 인생에 관한 중요한 교훈을 배울 수 있습니다. 모든 걸 이미 알고 있다고 생각하기 때문에 새로운 무엇을 배우려고 하지 않는 것이 우리의 문제가 아닐까요? 환자나 학생, 우리의 아이들, 어른들을 대할 때, 또 갖가지 상황에 놓일 때, 거기서 아직 우리가 알지 못하는 무엇을 찾는 열린 마음과 정신으로 다가간다면 얼마나 기쁜 일이겠습니까?

신비의 하느님, 제가 알고 있는 모든 것에 감사드립니다. 저의 깨달음을 통해 저를 둘러싸고 있는 모든 위대한 신비로 들어갈 수 있도록 도와주소서. 저는 창조의 가장 단순한 부분조차도 그 깊이를 포착하지 못하고 있습니다. 그렇지만 저의 탐구가 매우 중요하다는 것은 알고 있습니다. 제가 돌보는 이들, 저 자신과 저를 둘러싼 모든 것에 대해 한발 물러나 새로운 눈으로 볼 수 있게 하옵소서.

> "평화를 위하여 일하는 사람은 행복하다. 그들은 하느님의 아들이 될 것이다."(마태오 5:9)

 돌봄을 필요로 한다는 것은 그 사람의 인생 전체를 혼란에 빠트리는 것입니다. 다른 이를 돌보는 사람으로서 우리가 자신의 삶에서 스트레스를 받고 있다면, 평온하게 돌본다는 것은 이중으로 힘든 것입니다. 돌보는 이와 보살핌을 받는 사람의 혼란이 함께 뒤섞일 때, 폭발할 지경에 이르렀다고 느끼게 될지도 모릅니다. 그럴 때가 우리 내면에 있는 깊은 평화를 자신에게 상기시킬 필요가 있는 때입니다. 하느님의 평화는 성령이 우리를 강하게 되기를 원하신다는 것, 그리고 매사를 선으로 바꾸어 놓으실 것이라는 확신에 뿌리를 내리고 있는 것입니다. 잠시 멈추어, 모든 상황을 고요한 평화로 되돌아가게 해주는, 하느님의 사랑의 현존을 다시 생각해 볼 수 있을 것입니다.

 평화를 주시는 하느님, 오늘 제가 만나게 되는 사람 모두에게 평화를 실어다 주는 사람이 되겠습니다. 형편이 여의치 못하고 혼란스러울 때 저로 하여금 고요하고 위안이 되는 치유의 평화를 가져다 주게 하시고 저나 제가 돌보는 이에게나 마음의 조화를 되찾을 수 있게 해 주소서. 하느님의 평화의 힘이 언제나 우리의 선을 위해 존재하고 활동하신다는 것을 우리 모두가 알게 하소서.

> 이제 너희의 상처에 새살이 돋아 아물게 하여주리라.(예레미야 30:17)

사랑 안에서 다른 이의 상처를 아물도록 도와주려 할 때 오히려 우리 자신이 변화하게 됩니다. 이기심과 그릇된 자존심과 편견으로 고통받고 있던 오래된 상처가 정화되고 아물 것입니다. 다른 이의 치유를 도와주려고 할 때 우리 역시 치유 받습니다.

상처를 치유하시며 온전케 하시는 하느님, 제가 당신의 은총을 다른 이에게 전해 주려고 애쓸 때, 당신이 놀라운 선물과 축복을 제게 내려주신다는 것을 알고 있어야 했습니다. 당신은 그저 전능하시기만 할 리가 없습니다. 저의 모든 상처에 은총을 내리시어 온전하게 만들어 주십니다. 제 상처의 치유가 사랑과 돌봄의 표징이며 추진력이 되도록 해주시고 상처받은 제 형제자매를 치유하도록 도와주소서.

> 과거의 경험에 매달리지 마십시오... 무엇인가를 온전하게 경험한다는 것이 의미하는 바를 배우십시오. 그리고는 버리십시오. 이전 상황에 영향을 받지 말고 다음 단계로 넘어가십시오. 바늘귀라도 통과할 수 있는 그런 빈 배낭을 매고 길을 떠나게 될 것입니다. 영원한 삶이 무엇인지 알게 될 것입니다. 왜냐하면 영원한 삶이란 바로 지금, 시간의 제약을 받지 않는 지금 안에 있는 것입니다.(드 멜로, 『깨달음』, 132쪽)

    돌보는 일에는 외부적으로나 내면적으로나 덫이 있습니다. 우리는 돌보는데 필요한 장비뿐만 아니라 과거의 경험이나 기억을 지니고 있습니다. 그저 이전에 있었던 무엇인가의 되풀이로 상황을 보게 될지도 모릅니다. 그것은 분명히 문제가 됩니다. 새로운 상황 하나하나, 사람 하나하나, 그리고 매일 매일이 다른 것입니다. 다르다는 것을 알게 되면 삶이 좀더 흥미로운 것이 됩니다. 우리가 새로운 인식과 열린 가슴으로 상황에 접할 때 돌봄은 좀더 생기 있는 것이 됩니다. 과거의 짐들로부터 자유로워질 때 우리는 새로운 관계를 창조하는 것입니다.

    시간을 초월하시는 주님, 당신께서는 모든 것이 영원한 현존입니다. 저를 도우시어 매순간, 현재에 살게 해주소서. 저나 제가 돌보아주는 사람들로 하여금 과거의 짐이나 덫에 교란당하지 않게 하소서. 무엇이건 그 때에 제대로 인식하고 그리고는 당신의 손에 맡겨드리도록 해주소서.

> 저는 상처를 지닌 치유자의 모습을 좋아합니다. 치유관계에 있는 두 사람은 둘 다 상처를 지니고 있으면서 치유의 능력을 가진 동료임을 상징하기 때문입니다.(레이첼 나오미 레멘, "치유를 찾아서," 『치유하는 사람들』, 91-92쪽)

돌보는 일을 하면서 우리는 단지 베풀기만 하는 사람이고 보살핌이 필요한 사람은 그저 받기만 하는 사람이라고 생각하는 것은 잘못입니다. 돌봄은 양쪽 모두에게 가는 것이어서 돌보아 주는 사람이나 보살핌을 받는 사람 둘 다 받기도 하고 주기도 하는 그런 것입니다. 돌봄의 과정에 함께 있다는 것--우리 각자는 어떤 식으로든 상처를 받았고 또 치유의 은총을 지니고 있다는 것--을 알 수만 있다면 깊은 관계가 가능하고 또 그것이 얼마나 큰 기회를 주는 것인지 인식하게 될 것입니다.

저의 하느님, 당신은 사람들을 통해 제게 오시며 제 삶에서 돌봄의 체험을 통해 다른 이를 치유하고 또 저도 치유해 주십니다. 다른 이를 돌보는 일을 통해 제가 치유되고 있음을 인식하며 생각이나 관계에서 진정한 변화를 받아들이게 됩니다. 우리 각자의 상처와 은총의 교류 속에 당신이 현존하십니다.

> 나는 나 자신의 일대기, 나만의 복음, 내 삶의 이야기를 열어 보며 나와 함께 하신 하느님의 전능하신 역사하심에 경탄합니다. 내가 주님과 함께 한 나 자신의 역사를 지니고 있기 때문입니다.(불래드,『모든 것이 은총』, 82쪽)

사람들을 보살필 때 관심의 초점을 그 사람들에게 두어야 합니다. 그렇지만 때때로 뒤로 물러나 앉아 하느님이 우리를 만나시는 공간으로서 우리 자신의 삶을 성찰할 필요도 있습니다. 우리 삶의 순간순간에서, 다른 이를 돌보는 그 행위 안에서, 우리는 자신의 고유한 이야기를 쓰는 과정에 있는 것입니다. 우리의 이야기를 어떻게 읽을 수 있을까요? 무엇이 하이라이트인가요? 어떤 갈등을 지니고 있습니까? 하느님의 현존을 드러내는 어떤 표징을 보았는지요? 지금처럼 계속 살아간다면 그 마지막은 어떤 것일까요?

역사의 하느님, 당신은 우리 각자에게 자신의 고유한 이야기를 쓰도록 허락하셨습니다. 저를 인도하시어 지금에 이르기까지 전개된 저의 이야기를 읽게 하소서. 과거에 저의 삶 속에서 당신이 행하신 모든 방식과 시간에 대해 눈을 뜨게 하소서. 오늘 당신이 현존하심을 제가 느낄 수 있게 하소서. 제 이야기의 각 장이 당신이 저를 읽으시면서 즐거워하실 수 있는 것이 되게 하소서.

> 우리는 사람들이나 사물을 볼 때, 있는 그대로 보는 것이 아니라 자신의 모습대로 보는 것입니다.(드 멜로, 『깨달음』, 88쪽)

    모든 것은 우리의 개인적인 지각에 의해 모양지워지고 색깔이 칠해집니다. 우리가 만나거나 돌보는 모든 사람, 그리고 그들이 겪는 모든 것을 우리가 쓰고 있는 안경을 통해 봅니다. 우리의 안경은 우리의 체험, 믿음, 태도에 의해 형성되고 고정되는 것입니다. 불행하게도 우리는 우리가 삶을 보는 방식이 진정으로 있는 그대로의 방식이라고 생각할 지도 모릅니다. 그러나 또 다행한 것은 성령의 은총인 지혜--진실이 진정으로 어떤 것인지 명료하게 이해할 수 있는--를 받았습니다. 또한 하느님의 은총으로 우리가 변화되어, 하느님이 보시듯 삶을 바라볼 수 있다는 것입니다.

    전지하신 하느님, 저의 인식에, 특히 제가 누군가를 까다롭게 보거나 저의 체험을 부정적으로 볼 때, 그 인식에 의문을 가질 수 있을 만큼 충분히 깨어있을 수 있도록 도와주소서. 제가 저의 안경을 벗어버리고 새로운 눈으로 바라볼 때 많은 것을 배울 수 있다는 사실을 깨닫게 해 주소서. 당신이 보시는 것과 같은 방식으로 저도 볼 수 있도록 성숙해지게 해주소서.

> 당신에게 일어나는 모든 일은 당신을 가르치는 선생입니다. 그 비결은 당신 자신의 삶에 굳건히 발을 딛고 서서 그로부터 가르침을 받는 법을 배우는 것입니다.... 그 모든 일은 은총이면서 교훈이거나, 교훈이면서 은총인 그런 것입니다.(비렌즈, 『삶으로 나오기』, 8쪽, 177쪽)

    삶이란 배움을 위한 것이고 삶의 모든 것이 우리에게 무엇인가를 가르친다면 우리가 보살펴주는 사람들 모두 그리고 돌보는 행위가 이루어지는 매순간이 오직 한번밖에 오지 않는 유일한 성장의 기회인 것입니다. 그렇다면 그 얼마나 성스러운 순간들인 것일까요! 어떻게 하면 우리의 체험과 환자와 돌봄의 순간들을 발판 삼아 거기서 배움을 얻을 수 있을까요? 어떻게 교훈과 은총을 인식할 수 있을까요? 어떻게 하면 날마다 한가지씩이라도 교훈을 발견할 수 있을까요?

    위대한 삶을 주시는 하느님, 당신은 저의 나날을 은총과 기회로 채우시며 제게 그 모든 순간과 체험을 마련해주십니다. 저는 거룩함을 다른 곳에서 찾아야 한다고 잘못 생각하곤 합니다. 저로 하여금 제가 돌보는 사람들이 제게는 선생이라는 것, 그리고 제가 겪는 모든 체험이 저의 선생이며 제 삶이 제게 교훈을 주고 있다는 것을 볼 수 있게 해주소서. 은총을 놓쳐버리지 않게 하소서.

> "너희앞에 생명과 죽음을 내놓는다. 생명을 택하여라."(신명기 30:19)

우리의 인생 전체를 통해서, 특히 우리의 돌봄 안에서 우리는 선택을 해야만 하는 심각한 순간에 맞닥뜨립니다. 매순간, 모든 상황, 모든 만남이 우리에게 삶을 부여하는 기회를 제공합니다. 그 은총의 순간에 '네' 라고 응답할 때 우리는 삶을 선택하는 것이며 건강과 성스러움의 영역으로 들어가는 것입니다. 그 순간의 선물을 거부할 때 우리는 죽음을 선택하는 것이며 유감, 부정적 생각에 물들어 삶을 좀먹는 것입니다. 생명을 창조하거나 죽음을 처리하는 것은 상황에 달린 것이 아니라, 우리가 하는 선택에 달린 것입니다. 하느님은 우리로 하여금 삶을 선택하도록 초대하셨습니다.

♣

살아계신 하느님, 제가 선택을 해야할 때 다른 방향으로 가고 싶은 유혹이 아무리 강하더라도 삶을 선택할 수 있도록 도와주소서. 제 환자나 보살핌이 필요한 이를 돌볼 때 저로 하여금 그들에게 영향을 줄 수 있는 선택을 하고 있다는 사실을 인식하게 하소서. 저를 도우시어 그들이 선택하는 삶을 제가 지원해주도록 해주시고, 서로에게 힘이 되게 하소서. 물리적 죽음은 닥치겠지만 그렇더라도 죽음이 올 때까지는 언제나 저와 그들을 온전히 살게 해주소서.

> 전문가는 조언을 합니다. 순례자는 지혜를 나누어줍니다.(빌 모이어, 『치유와 마음』, 319쪽)

우리는 고통받고 있는 사람들과 함께 온전함을 향한 여행에 동행할 수 있는 놀라운 기회를 가지게 됩니다. 그렇지만, 직업적인 것으로만 그 길을 간다면 걸려 넘어질 수 있습니다. 우리가 받은 교육과 겪은 체험은 모두 더 많이 도움을 주기 위한 것이지 도움을 덜 주기 위한 것이 아닙니다. 때로 우리는 돌봄과 치유가 단지 우리의 기술과 능력에만 좌우되는 것이 아니라, 서로간에 지혜를 나누는 데에 그 의미가 있다는 것을 상기할 필요가 있습니다. 우리는 여정을 함께 하는 것입니다.

하느님, 순례자의 자세로 돌봄에 다가갈 수 있도록 도와주소서. 저에게 보살핌의 능력과 의향을 불어넣어 주신 당신께 감사드립니다. 저를 지원해주신 분들, 그리고 날마다 제게 가르침을 베푸는, 보살핌을 받는 모든 분들께 감사드립니다. 그러나 주님, 제가 지닌 기술이나 지식에도 불구하고 좀더 효과적인 돌봄과 치유는 그저 단순히 조언을 해주는 것이 아니라, 지혜를 서로 나누는 데 달려 있다는 것을 깨닫게 해주소서. 돌보는 이들에게 제가 좋은 동반자가 되게 해주소서. 함께 하는 여정에서 제가 무언가 기여할 수 있도록, 그리고 그들이 제게 베푸는 것들을 수용할 수 있는 그런 사람이 되게 해주소서.

> 실험 삼아 잠시 성찰과 수용의 마음가짐으로 당신 자신을 안아주십시오. 마치 다치고 놀라서 우는 아이를 완전히 헌신적이고 조건 없는 사랑으로 어머니가 안아주듯이.(캐벗진,『어디로 가든 거기 당신이 계십니다』, 163-164쪽)

다른 사람을 돌보는 일에 우리가 많은 시간을 쏟고 있을 때 우리는 사랑스런 온유함으로 자신을 대할 필요가 절실합니다. 그러면, 생소하게 느껴질지도 모르지만, 자아수용, 자기 이해, 그리고 스스로에 대한 사랑이라는 놀라운 선물을 발견할 수 있습니다. 침묵, 명상, 일기 쓰기, 그리고 자기수용 같은 것은 우리의 여정에서 우리 자신을 살찌우는 중요한 우물과도 같은 것입니다.

저희를 돌보시는 하느님, 당신이 저를 사랑하시고 또 다른 사람들이 저를 사랑한다는 사실을 알고 있어도 때로 저는 저 자신에게 친절하지 않을 때가 있습니다. 자신을 용서하지 못하고 지나치게 엄격해지곤 합니다. 사랑과 온유한 깨달음과 포용의 자세로 저 자신을 껴안을 시간을 날마다 조금씩이라도 가질 수 있도록 도와주소서.

> 일반적으로 의료전문직이 수행하는 가장 기초적인 일은… 충실한 인간이 되는 것, 그리고 다른 사람들 안에 있는 충실한 인간됨을 이끌어내는 것입니다.(츄기엄 트렁파, "충실한 인간이 되기," 『마음을 일깨우기』, 126쪽)

돌봄에 필요한 온갖 일들을 수행하느라 우리는 종종 가장 큰 선물은 우리 자신임을 잊어버리게 됩니다. 우리는 하느님의 존재, 그리고 사람들에 대한 하느님의 사랑을 독특하게 드러내고 있는 것입니다. 그 누구도 할 수 없는 그 하느님의 사랑을 현실로 만들고 있는 것입니다.

제 존재의 원천이신 하느님, 저의 존재 자체를 통해서 저는 가장 심오한 방식으로 다른 이에게 영향을 미치고 있다는 사실을 깨달을 수 있도록 도와주소서. 저로 하여금 성장하기 위해 제가 들이는 모든 노력과 저의 인간됨이 저의 돌봄에 보탬이 된다는 사실을 볼 수 있는 능력을 주소서. 돌보는 일이 저의 인격을 성장시킨다는 사실을 이해할 수 있도록 도와주소서. 삶을 창조하시는 주님, 저를 격려해주소서.

> 저는 여러분이 스스로를 돌보기 위해 무엇을 해야 할 필요가 있는지 정확하게는 모릅니다. 그렇지만 여러분 스스로 알아낼 수 있다는 것은 압니다.(멜로디 베티, 『떠나보내는 말』, 97쪽)

모든 사람에게 건강이 필요하듯 우리도 건강할 필요가 있다는 사실을 알고 있으면서도, 때로 그렇지 않은 것처럼 행동할 때가 있습니다. 그리고는 과로하거나 영양결핍이 되거나 너무 심한 스트레스를 받는 상태에 빠져듭니다. 그래서 더 이상 돌보는 일을 할 수 없을 것 같은 느낌에 사로잡힐지도 모릅니다. 자기 자신의 인간적 한계와 필요를 수용하는 데 어려움을 느끼기도 합니다. 그렇지만, 우리 스스로를 어떻게 돌보아야 할지, 그리고 자신을 돌본다고 해서 죄책감을 느끼거나 하지 않도록 할 수 있는 방안을 발견할 능력을 지니고 있습니다.

하느님, 제게 무엇이 필요한지 다른 사람이 말해줄 때까지 기다리지 않게 해주소서. 제 환자를 돌보는 것처럼 저 자신을 배려하고 저 자신을 충분히 존중하고 명예롭게 여기고 사랑할 수 있도록 도와주소서. 스스로를 배려하지 않을 때 저 자신뿐만 아니라 제 환자도 힘들어질 것입니다. 저를 인도하시어 휴식을 취하고 재충전을 하며 저를 좋아하는 사람들과 관계를 맺는 시간을 가지는 저 자신을 이기적이라고 생각하며 자책하는 일이 없게 하소서.

돌보는 일이 어둡고 힘겨울 때

> 대야에 물을 떠서 제자들의 발을 차례로 씻고... 닦아 주셨다.
> (요한 13:5)

발을 씻겨주고, 코를 닦아주고, 어질러진 방을 치우는 따위는 돌보는 일 가운데서 그다지 유쾌하지 않은 부분입니다. 돌보는 이들은 모두 이런 일을 알고 있습니다. 예수님도 그런 일에서 제외되어 계시지 않습니다. 사실, 예수께서는 "나는 너희에게 모범을 보이려 이 일을 하였다. 내 모범을 따르라. 내가 너희에게 했듯이 너희도 다른 이에게 그렇게 하라"(요한 13:14-15)고 말씀하셨습니다. 돌보아 주는 일은 그 어떤 것도 너무 비천하거나, 더럽거나 우리 자신보다 더 낮은 것은 없습니다. 진정한 봉사는 가치있는 것이고 또 성스러운 것입니다. 그래도, 우리는 그런 일 가운데 일부를 할 수 있게 해달라고 하느님께 은총을 청할 필요가 있을 것입니다.

반짝이는 별과 장엄함 그리고 아름다움의 하느님이시며 더러운 발, 콧물이 흐르는 코, 어지러운 쓰레기의 하느님이시여, 저는 어떤 상황이라도 저의 돌봄을 당신께 봉헌합니다. 더러운 것들을 처리할 때도 즐거운 일을 할 때처럼 사랑과 위안과 베풂의 자세가 될 수 있도록 도와주소서. 제가 하는 모든 일에 제 모델이 되어주소서.

> 서로 남을 위해 기도하십시오.(야고보서 5:16)

우리 돌보는 일을 하는 사람들은 우리가 받을 수 있는 도움은 무엇이든 다 필요로 한다는 것을 누구보다도 잘 알고 있을 것입니다. 우리는 힘들고 지치고 지겨운, 그리고 끝날 것 같지 않은 그런 상황에 놓여있는 자신을 발견합니다. 그런 어려움이 닥칠 때면 왜, 그리고 어떻게 그 일을 하게 되었는지 의구심을 가지게 됩니다. 기도는 힘과 정서적 지원의 놀라운 원천이 될 수 있을 것입니다. 우리가 보살피는 환자나 어린아이 또는 학생들만 기도가 필요한 것이 아니라 우리에게도 필요합니다. 기도를 통해서 비슷한 삶을 살고 있는 세상의 수많은 다른 이들과 연결될 수 있습니다.

오 하느님, 당신은 고통받고 도움이 필요한 사람들뿐만 아니라 그들을 돌보는 이들과도 함께 계십니다. 저나 다른 모든 돌보는 일을 하는 사람들에게 힘과 쾌활함, 그리고 지혜를 채워주시어 돌봄에서 그토록 중요한 연민과 사랑을 베풀 수 있도록 해주소서. 저희는 당신의 사랑과 지원에 의탁합니다. 나의 하느님, 지금 이 순간 저희에게 안락을 주시는 당신의 현존을 감지할 수 있게 해주소서.

> "나는 양들이 생명을 얻고 더 얻어 풍성하게 하려고 왔다."
> (요한 10:10)

충만한 삶이란 어떤 것일까요? 우리는 여기 마음이 부서지거나 다친 사람들, 무력하고 허약한 사람들, 또는 탈진한 사람들을 돌보고 있습니다. 우리 자신이 바로 그런 돌봄이 필요한 상태라고 느낄 때가 많습니다. 우리도 결함과 상처난 마음을 지니고 있습니다. 자신의 환난 한가운데서 우리는 하느님의 은총을 청합니다. 충만한 삶이란 분주한 삶--계획과 할 일로 꽉 찬--을 말하는 것이 아닙니다. 충만한 삶이란 하느님의 목적과 조화를 이루는 삶입니다.

삶 자체이신 하느님, 외면적인 것은 속임수에 불과하다는 것을 제게 보여주소서. 부서지고 곤경에 처한 상황에서도 진실한 삶이 자라고 또 충만함을 이루게 된다는 것을 볼 수 있도록 허락하소서. 저를 도우시어 제 보살핌아래 있는 사람들과 제가 나누는 사랑을 통해서 충만한 삶으로 성장하도록 제가 맡은 바 소임을 할 수 있게 도와주소서. 당신의 도움 없이는 저는 사랑할 수 없나이다.

> 현재를 충만히 사십시오! 순간을 살아내십시오. 자신을 체험 속에 잠기게 하십시오! 그것이 당신이 내일을 위해 준비할 최대의 담보물입니다.(블래드, 『모든 것이 은총』, 26-27쪽)

　　감당 못 할 만큼 지치고 힘들 때면 일을 대충 해치우고 싶은 유혹을 느끼게 됩니다. 그렇게 해서 할 일을 하면서도 우리의 에너지를 좀 아끼는 것이라고 생각하지만, 결국은 불만을 느끼는 결과가 됩니다. 해결책은 할 일이 무엇이든, 아무리 지쳐있다고 해도, 온 마음과 정신을 기울여 하는 것밖에 없는 것 같습니다. 가령 침대보 하나를 갈아주는 일이라도 사랑으로 하고, 누군가의 말을 들어주는 일이라면 마음을 다해 경청하는 것입니다. 그러고 나면 후회할 것이 없으니 진정으로 휴식을 취할 수 있을 것입니다.

　　무한하신 주님, 삶의 모든 것이 지금 이 순간에 일어난다는 것을 깨달을 수 있도록 도와주소서. 제가 지닌 것은 오직 지금 이 순간뿐이라는 것을 압니다. 저로 하여금 매 순간을 제 마음을 다하고 정신을 다해 살게 해 주소서. 은총을 내려주시어 사랑과 보살핌으로 그 순간에 저 자신을 내어줄 수 있게 해주소서. 매 순간을 잘 살게 되면 삶이 제게 펼쳐 보이는 것이 무엇이든 충분한 준비를 하는 것이겠습니다.

> 장미가 "좋은 사람에게는 내 향기를 맡게 하고 나쁜 사람에게는 향기를 보내주지 않겠다"라고 말할 수 있겠습니까? 또는 등불이 "이 방안에 있는 좋은 사람에게만 불빛을 비춰주고 악한 사람에게는 비춰주지 않겠다"고 할 수 있겠습니까? 나무가 "좋은 사람에게만 내 그늘에서 쉬게 하고 나쁜 사람에게는 그늘을 드리우지 않겠다" 할 수 있겠습니까?(드 멜로, 『깨달음』, 61쪽)

우리가 돌보는 이들이 모두 좋아할 만한 사람이거나 항상 좋아할 만한 사람이거나 하지는 않습니다. 어떤 이는 정말 불쾌한 경우도 있습니다. 감사할 줄 알고 좋은 기분을 느끼게 하는 사람에게 기꺼이 봉사하려는 성향은 사실 자연스러운 것입니다. 사랑은 우리에게 그런 자연적 성향을 넘어서서 모든 이에게 축복을 베풀어야 한다는 과제를 요구하는 것입니다.

사랑이신 성령이시여, 진정한 사랑은 입맛에 맞게 고르거나 선택하는 것이 아님을 깨닫도록 도와주소서. 사랑을 주는 이나 받는 이를 모두 축복할 수 있는 놀라운 관용의 은총으로 저를 채워주소서. 제 눈에 받을만한 가치가 있다고 생각되는 이에게만 사랑을 주는 그런 사람이 아닌 진정한 사랑의 사람이 되도록 도와주소서. 무엇이나 어떤 사람이나 다 가치가 있다고 보시는 당신의 관점으로 매사를 바라보게 해주소서.

> "두 사람이나 세 사람이 내 이름으로 모일 때 내가 바로 그 한가운데 있을 것이다"(마태오 18:20)

　　우리 돌보는 일을 하는 사람들은 대부분 돌보는 일만 하는 것이 아닙니다. 수많은 다른 일도 해야 하고 그 중에 돌보는 일을 끼어 넣습니다. 그리고는 왜 우리에게 기도할 시간이 없는지 의아해 합니다. 두 가지 일을 동시에 하는 방법을 찾아낼 수는 없는 것일까요? 우리가 있는 곳이면 어디든지 하느님이 계시는데, 왜 우리는 일을 하면서 기도를 올리지 못한단 말입니까? 아기나 병든 이를 씻겨주면서 "나의 주님, 당신을 멀리하게 하는 것들을 깨끗이 씻어 없애주소서!"라고 기도드릴 수 있습니다. 음식을 가져오면서 "나의 주님, 저를 먹여주시어 당신에 대한 저의 사랑 안에서 제가 강해지게 해주소서"라고 기도드릴 수 있습니다.

　　저와 함께 동행하시는 하느님, 저의 돌봄이 기도로--제가 드리는 말뿐만 아니라 제가 행하는 모든 행위도--가득차게 해주소서. 매사가 평온할 때도 당신이 곁에 계시지만 혼란스러울 때도 당신이 함께 해주신다는 것을 알고 있습니다. 상황이 어떻더라도 언제나, 제가 무슨 일을 하거나 당신의 현존에 저를 닿게 해주소서. 항상, 저의 어떤 부분은 기도를 드리도록 도와주소서.

> 완전한 의미의 영성이란 빛과 연민을 세상에 불러오려면 우리 자신의 삶에서부터 시작해야 한다는 것을 이해하는 것입니다.(콘필드, 『마음과 함께 하는 행로』, 315쪽)

　　우리는 돌보는 일을 하는 사람으로서 우리가 보살피고 있는 이들에게 관심을 집중시켜야 한다고 배웠습니다. 그렇지만 자기 자신에 대한 동정심 없이 어떻게 다른 사람에게 연민을 지닐 수 있겠습니까? 스스로를 이해하는 온유한 마음을 확대시킨다면 그 마음이 다른 사람에게 흘러가지 않을 도리가 없습니다. 다른 사람을 가혹하게 대하는 것은 종종 그 뿌리가 스스로에 대한 자학과 존중의 결여에 있는 것입니다.

빛과 사랑이신 하느님, 저를 빛으로 채워주시어 저 자신에게 사랑과 부드러움을 지니도록 해주소서. 당신의 보살핌 안에서 저 자신에 대한 연민이 자라나 세상 모든 것으로 흘러가도록 해주소서. 진정하고 깊은 사랑이 제게서 흘러 넘쳐 제가 보살피는 이들 모두에게 스며들 수 있도록 해주소서.

> 파도를 멈추게 할 수는 없지만 파도타는 법을 배울 수는 있습니다.(캐벗진, 『어디로 가든 거기 당신이 계십니다』, 30쪽)

우리에게 닥친 엄청난 일들 가운데는 우리 힘으로 바꿀 수 없는 것들이 있습니다. 나이드는 것, 실직, 지병, 가족문제 같은 것이 그렇지요. 내면에서 그리고 외부에서 오는 압박감이 증폭되는 것처럼 보입니다. 우리 힘으로 통제할 수 없는 것들을 멈추어 보려고 애를 쓰면서 감당할 수 없을 만큼 압도당하고 완전히 절망에 빠진 상태가 됩니다. 어쩌면 우리는 엉뚱한 데서 노력을 하고 있는 것일지도 모릅니다. 외부적인 것을 바꿀 힘은 가지고 있지 않을지도 모르지만, 그래도 그런 것들을 대하는 우리의 체험은 바꿀 수 있을 것입니다. 사태를 있는 그대로 수용하고 그에 대처해야 할 방도를 찾아내는, "파도타기"하는 법을 배울 수는 있을 것입니다.

주님, 제가 바꿀 수 없는 것을 바꾸려고 애쓰면서 삶이라는 벽에 제 머리를 찧는 짓을 그만둘 때입니다. 제가 바꿀 수 있는 것은 바꾸고, 그리고는 앞으로 나아갈 수 있도록 해주소서. 바꿀 수 없는 것은 주어진 것으로 받아들이고 언제나 그것 때문에 좌절감을 느끼지는 않으면서 살아낼 수 있는 방도를 찾을 수 있게 도와주소서. 실제로 파도타기는 흥미롭게 보입니다. 파도타는 법을 가르쳐 주소서.

> 이 순간은 그 자체로 완벽한 것입니다. 모든 것이 지금, 바로 여기에 있습니다. 그리고 내가 지금 기뻐할 수 없다면 기쁨이 무엇인지 전혀 알 수 없는 것입니다. 나의 기쁨이 내가 처한 처지에서 생긴 것일까요, 그렇지 않으면 그 누구도 나에게 줄 수도 없고 내게서 빼앗아갈 수도 없는 그런 것 안에 있는 것일까요?(로어, 『철저한 은총』, 94쪽)

매 순간이 완벽한 것임을 인식하는 데는 엄청난 노력이 요구됩니다. 상황이 힘들 때 특히 그렇습니다. 그리고 그것이 바로 돌보는 일에서 우리가 발견해야 할 과제입니다. 우리가 직면하게 되는 상황은 거의 언제나 고통과 고뇌를 동반하는 것이거나, 아니면 바람직한 무엇이 결핍된 그런 것입니다. 우리가 원하는 대로 될 때에만 완벽성을 발견할 수 있는 것이라면, 우리는 결코 즐거워질 수 없을 것입니다. 우리에게 주어진 과제는 우리 모두의 내면 깊이 현존하시는 하느님 안에 우리 자신을 뿌리내리는 것입니다. 그렇게 되면 외부 상황이 어떻든 누구도 우리에게서 빼앗을 수 없는 기쁨으로 가득찰 수 있습니다.

하느님, 기쁨은 당신의 현존을 드러내는 확실한 표징입니다. 제가 진정으로 당신이 제 안에 언제나 함께 하신다고 믿는다면, 삶이 어려울 때조차도 축복해야할 이유가 있습니다. 오늘, 당신의 기쁨이 제게 스며들어 당신께 연결되어 있음을 인식하게 해주소서. 당신은 바로 지금 제안에 그리고 제 형제자매 안에 살고 계십니다.

> 삶이 우리에게 '아니'라고 할 때 그것이 우리가 바라는 좋은 것을 절대로 얻지 못하리라는 것을 의미하는 것은 아닙니다. 다만 좋은 것에 대한 우리의 생각에 다소 오류가 있음을 뜻하는 것입니다. (베렌즈, 『삶으로 향하기』, 48쪽)

    우리에게 최선이 무엇인지, 또 우리의 보살핌을 받는 이들에게 최선이 무엇인지 하는 우리의 생각이 때로는 맞아들어 가지 않는 때가 있습니다. 최선의 선의를 지니고 아무리 애를 써도 실패하고 마는 것 같은 때가 있습니다. 심지어 하느님마저도 우리를 외면하시는 듯합니다. 어디서부터 잘못된 것일까요? 그때가 아마도 하느님, 삶 그리고 우리자신을 생각하는 방식을 확대시킬 때이며, 살아가는 일의 신비가 우리가 꿈꾸던 것보다 훨씬 큰 무엇임을 깨달을 수 있는 때일지도 모릅니다. 돌봄은 우리에게 기대하지 않았던 곳에서 또 원치 않았던 상황에서 선을 찾도록 도전을 자극하는 것입니다.

    지혜이신 하느님, 저의 사고방식을 넓혀주십시오. 제가 볼 수 있는 것 이상의 무엇이 있을지도 모른다는 것을 믿을 수 있음이 얼마나 놀라운 것인지 보여주십시오. 저 자신이나 아니면 제가 돌보는 사람들에게 무엇인가 필요한 것을 구할 때면 제가 당신의 선과 무한한 지혜를 믿는다는 것을 저는 압니다. 무엇이 필요한지 알지도 못하면서 제 안에 있는 당신의 성령이 가장 좋은 것을 요구하신다고 말할 수 있습니다. 그 요구에 저는 '네'라고 대답합니다.

> 해결되지 못한 분노가 내 안에 잠복하고 있을 때 온화한 생활 방식은 유지하기 힘듭니다. 밑바닥으로 쑤셔넣은 분노는 내 삶을 독으로 오염시킵니다. (애드리안 반 캄, "분노와 온화한 삶," 『마음을 일깨우기』, 96쪽)

돌봄은 이타주의와 온유한 사랑에서 나오는 경우가 많기 때문에, 분노가 끓어오를 때면 보통 부끄러움을 느끼게 됩니다. 무언가 우리가 잘못된 것은 아닌지, 실패자가 된 것은 아닌가 의심합니다. 환자나 아이들, 학생들에게 실망하거나 분노를 느끼면 안 된다고 생각합니다. 그래서 자신에게조차 분노를 감추려고 무진 애를 씁니다. 즐거운 듯 겉모습을 꾸미려고 합니다. 그런데 역설적이게도 분노는 사라지는 것이 아니라, 우리의 밑바닥에 자리잡아 우리에게, 그리고 우리가 돌보는 사람들에게 대가를 치르게 하는 방식으로 영향을 미칩니다. 다른 모든 감정과 마찬가지로 분노는 분명히 존재합니다. 그걸 어떻게 해보려고 애 쓸 필요가 없는 것입니다.

창조주이신 하느님, 당신은 저희에게 감정을 주셨습니다. 우리가 기쁨과 애정만 지녔다면 좋았겠습니다만 슬픔과 분노도 지니고 있습니다. 하느님, 제가 분노할 때, 저의 분노를 자연스러운 것으로 때로는 기다렸던 것처럼 받아들이도록 도와주소서. 분노가 저의

적인 것처럼 생각하는 걸 그만두게 해 주십시오. 분노를 속박으로 여기고 저와 제가 맺고 있는 관계에 독을 끼치게 하기보다는 긍정적인 방식으로 그 에너지를 사용할 수 있도록 허락해주소서. 분노가 저를 자극해서 해결책을 찾게 하고 환기를 시키며 창조적으로 어려움과 대면하게 해주소서. 열린 마음으로 분노를 받아들이고 거기에 무슨 전언이 있는지 탐색할 때 그 목적이 달성될 수 있을 것이고 분노가 사라지게 할 수 있을 것입니다.

> 예수께서 말씀하셨다. "내가 세상 끝날까지 항상 너희와 함께 있겠다."(마태오 28:20)

누군가를 돌보는 동안에도 우리가 무엇을 생각하고 느끼는지 아무도 모르거나 관심을 가지지 않는 것 같아 혼자라고 생각하기 쉽습니다. 전문직업으로서 돌보는 일을 하는 사람들--간호사나 탁아모나 상담사 같은 이들--은 정서적 지원이 필요 없다고 사람들은 생각할 지도 모릅니다. 행복하거나 슬프거나 휴식을 충분히 취했거나 지쳐있거나 간에 환자나 고객, 어린아이들에게 관심을 집중시킵니다. 그렇지만 때로 직업적으로 돌보는 일을 하는 우리도 누군가가 우리나 우리의 일에 관심을 가져주고 이해해주기를 원합니다.

제가 침체되어 있을 때, 친절하신 주님 저를 당신의 존재로 만져주십시오. 당신은 말씀하셨지요, 당신이 언제나 저와 함께 하시겠다고. 당신은 제가 어떤 감정인지, 무엇을 생각하고 무슨 일을 하는지 알고 계십니다. 오늘, 당신이 제 곁에 가까이 계심을 알 수 있는 방법이 얼마나 많은지 볼 수 있게 해주소서. 그저 당신께 말씀드리기 시작하는 것으로 제가 혼자가 아님을 알 수 있겠나이다.

> 행복한 삶에도 어두운 부분이 없을 수는 없으며 "행복"이라는 말도 슬픔이 균형을 맞추어주지 않는다면 아무 의미가 없을 것이다.(C. G. 융)

어두움과 빛은 동전의 양면과도 같습니다. "나는 동전의 뒷면은 말고 앞면만 갖겠다!"고 말할 수는 없습니다. 사실, 우리는 어두움과 구별해서 빛이 무엇인지 압니다. 어두움을 받아들이지 않으려고 하면 빛을 충분히 인식할 수 없는 것입니다. 우리와 또한 다른 사람 안에 있는 어두움을 받아들일 때, 우리는 우리를 눈멀게 하는 그 힘을 약화시킬 수 있습니다. 우리가 어두움을 볼 때 비로소 우리는 어두움이 무엇인지 알게 되고, 어두움이 우리의 삶을 풍부하게 만들 수 있는 것입니다.

완덕의 하느님, 당신은 빛과 어두움을 식별하시고 좋은 것이라고 선언하십니다. 저를 강하게 만드시어 저 자신의 어둠이나 제 환자의 어두움으로부터 도망치지 않게 해주소서. 어두움의 망령이 저를 고통스럽게 하고 시련을 줄 때에도 제가 알고 있고 또 할 수 있는 것들을 어떻게 정련할 수 있는지 보여주소서. 어둠이 한 사람이나 상황이 지닌 "순수한 황금"같은 부분을 감추고 있을지도 모른다는 사실을 깨달을 수 있도록 허락하소서. 어두움이 주는 시련에 평계를 대지 않게 하소서.

> 우리 앞에 놓인 삶은 우리를 자신의 내면으로부터 밖으로 끌어냅니다. 그리고 바로 그것이 거기 있으니 처리해야 합니다. 그것이 내가 보는 바로는 사람들이 순수하게 되는 방식입니다. 그런 종류의 영성을 나는 신뢰합니다.(리처드 로어, 『철저한 은총』, 321쪽)

가족이나 가까운 사람을 돌보아야만 하는 처지에 빠지는 경우가 있습니다. 우리가 원해서 선택한 것은 아니지만 다른 누구도 그 일을 할 수 없는 상황이 있지요. 그래서 돌보는 일에 뛰어들고 또 할 수 있는 한 최선을 다 합니다. 사태가 달라지기를 줄곧 바라면서, 우리의 일상을 조정하지요. 가외로 음식을 만들고 자기 집 말고도 그 집안 구석구석을 청소하고, 이런 저런 심부름을 하고 병원진료를 놓치지 않으려 합니다. 그런 일들은 영적인 훈련이 아니라고 생각할지도 모릅니다. 그렇지만 인간적인 체험이 아닌 그런 성령이 어떤 때에 존재하는 것일까요?

하느님, 제가 하지 않아도 된다면 결코 택하지 않았을 일을 할 때에도, 당신은 저의 경험으로부터 무엇인가를 찾아내실 수 있으십니까? 저는 그저 해야 할 일을 할뿐입니다. 무언가 좀더 대단한 것을 해야 하리라고 줄곧 생각하면서도 그런 일 대신에 날마다 제가 할 수 있는 것을 하고, 또 할 수 있는 한 최선을 다해 그 일을 합니다. 그것이 당신을 기쁘게 해드리는 일이 되게 해주소서.

> 우리를 불쌍히 여기시고 우리의 온갖 죄악을 부수어 주십시오. 깊은 바다에 쓸어 넣어 주십시오.(미가 7:19)

도움이 필요한 사람들을 돌볼 때 그들은 우리의 자비에 맡겨진 것입니다. 그들은 자신의 상황이나 삶을 통제할 힘이 없는 경우가 많아 우리를 신뢰하고 우리의 선의와 능력에 의존해야 합니다. 우리가 언제나 그런 신뢰를 받을 만한 가치를 지니고 있는 것은 아닙니다. 또 언제나 사랑과 공감으로 보살펴주는 것도 아닙니다. 그래서 이미 충분히 고통스러운 삶에 상처를 더해 줄 가능성도 있습니다. 비록 의도적으로 그러지는 않을지라도 말입니다. 오직 우리만이 상황을 올바른 것으로 만들 수 있는 것입니다.

자비로우신 하느님, 용서를 구하기 위해 당신께 왔습니다. 다른 이의 신뢰를 받는다는 것은 제가 그들의 신뢰에 값할 만큼 진력해야 한다는 뜻이라는 것을 압니다. 그래도 때로는 그런 책임을 지는 데 실패하곤 했습니다. 제가 상처를 입힌 이들에게 용서를 구할 만큼 저를 강하게 해주시고 또한 사랑으로 가득찬 진지한 가슴으로 그들을 계속 돌볼 수 있는 결단력을 가지도록 도와주소서.

> "고요하고 잠잠해져라"(마르코 4:39)

자기 자신에게 솔직해질 때, 얼마나 많은 시간을 우리는 "걱정꺼리"를 놓고 머리를 쥐어짜며 안달을 하고 근심을 하는지를 깨닫게 됩니다. 우리의 돌봄이 제대로 인정받고 있는지, 우리가 내린 결정이 올바른 것이었는지, 다음에는 어떤 사태가 벌어질지 등등을 걱정합니다. 그리고는 마지막에 가서 돌이켜 생각해 보면 결국 해놓은 것이라고는 스스로를 자괴감에 빠지게 만든 것밖에는 없는 것이 보통입니다. 심사숙고하고 의구심을 지니는 것은 우리의 돌봄과 살아가는 일을 늘 신중하게 염두에 두도록 도와주기는 하지만 지나친 걱정은 자신을 해치고 그 어떤 의미 있는 일도 성취하지 못하게 만듭니다.

예수님, 당신은 얼마나 많이 "평화가 함께 하기를"하고 인사하셨는지요! 저의 걱정하는 버릇을 당신께 대한 신뢰와 내적 평화로 바꾸도록 도와주소서. 무엇인가에 조급증을 내는 자신을 발견할 때마다 제 마음에 "고요하고 잠잠해져라!" 하는 말씀을 심어주소서. 그러면 저는 당신이 저와 함께 하신다는 것을 알겠나이다. 제가 그 말씀을 되풀이하면서 혼란의 한가운데서도 점차 평화로 가득찬 사람이 되게 해주소서.

> 실망한 사람 옆에 야훼 함께 계시고 낙심한 사람들 붙들어 주신다.(시편 34:18)

돌보는 일은 때때로 우리의 마음을 찢어 놓습니다. 우리는 병들고 죽어가는 사람들이 투쟁하고 있는 고통, 슬픔, 비통의 곁에 있습니다. 우리가 보살피고 있는 이들이 친밀한 관계에 있는 사람이라면 그들의 고통 속에 빠져버리는 자신을 발견합니다. 우리의 무력함과 그들과 함께 겪는 고통의 감각은 대단히 큰 것일 수 있습니다. 그러나 그런 상처에도 불구하고 우리에게 다른 방도는 없습니다. 우리가 그들과 함께 하며 사랑하는 것 말고는. 그리고 그것이 두 사람 모두에게 은총인 것입니다.

사랑이신 하느님, 다른 이의 고통과 슬픔이 제 자신의 고통과 슬픔인 것만 같습니다. 제 가슴은 고통받는 이들과 함께 피흘리고 있습니다. 고통을 함께 하려는 저의 마음이 그들이 고통을 겪고 견디는 데 위안이 되게 하소서. 당신이 제게 보내신 이들의 삶에 친밀하게 참여할 수 있는 크나큰 특권을 주셔서 감사합니다. 제 가슴을 어루만져주시고 제 손길을 힘차게 해주소서.

> 이 말씀을 하시고 예수께서는 땅에 침을 뱉아 흙을 개어서 소경의 눈에 바르신 다음 "실로암 연못으로 가서 씻어라" 하고 말씀하셨다. 소경은 가서 얼굴을 씻고 눈이 밝아져서 돌아왔다.(요한 9:6-7)

    돌보는 이들은 인간의 온갖 더러움을 처리하는 걸 피할 수 없습니다. 간호사는 변기를 비우거나 지린 오줌을 치우는 일에서 달아나고 싶어할 것입니다. 비위를 상하게 하는 일을 감당해야 합니다. 현대의 첨단 의료기기로도 인간의 현세적 조건을 제거할 방법을 발견하지는 못했습니다. 예수께서는 우리가 피하려 애쓰는 기초적이고 더러운 것을 사용해 치유하셨습니다. 아마도 우리의 과제는 일상적이고, 구역질나는 상황에 놓여있는 이들을 간호하는 길에서 하느님을 발견하는 일일 것입니다.

당신을 만나고 싶어하는 제 사랑과 갈망 속에 계시는 하느님, 저를 깨우시어 당신이 계시는 세속적 장소로 불러주소서. 예수께서 치유하시려고 진흙과 침을 쓰신 것과 똑같이 제 돌봄에서 마주치는 더러움조차 제 사랑을 보여드리는 기회가 될 수 있다는 것을 알게 하소서. 유쾌하지 않은 일을 즐길 수는 없어도 기꺼운 마음과 회개의 가슴으로 그들에게 가까이 가고 싶습니다. 거기 저와 함께 계시는 당신의 현존에 저를 의탁하나이다.

"걱정하거나 두려워하지 말라"(요한 14:27)

다른 사람을 돌보는 일은 엄청난 책임을 지는 일입니다. 비록 그들이 자신을 위해 무언가를 할 수 있더라도 말입니다. 우리는 결정을 내리고 약을 주고 누군가 다른 사람의 도움을 청해야 할지 또 언제 청해야 할지를 선택해야 할 처지에 놓인 자신을 발견합니다. 때로는 우리의 능력에 대해서 확신이 서지 않는 때도 있습니다. 잘못을 저지르게 될까봐 노심초사하고 돌보는 과제를 떠맡을 수 있을지 두렵고 걱정스럽기도 할 것입니다.

사랑하는 주님, 두려워하거나 불안해하지 말라고 말씀하시는 것은 쉬운 일입니다. 그렇지만 저는 도저히 감당하지 못하겠다는 느낌에 항상 시달립니다. 그리고 잘못을 저지를까봐, 제가 책임을 지고 있는 이들에게 해를 끼치게 될까봐 걱정하고 있습니다. 저로 하여금 돌봄에 필요한 지식과 솜씨를 잘 배울 수 있도록 도와주시고 그리하여 제 걱정과 두려움을 평화로움과 사랑으로 바꾸어 주소서.

> 성령께서도 연약한 우리를 도와주십니다. 어떻게 기도해야 할지도 모르는 우리를 대신해서 말로 다 할 수 없을 만큼 깊이 탄식하시며 하느님께 간구해 주십니다. 이렇게 성령께서는 하느님의 뜻을 따라 성도들을 대신해서 간구해 주십니다. 그리고 마음까지 꿰뚫어 보시는 하느님께서는 그러한 성령의 생각을 잘 아십니다.(로마서 8:26-27)

똑똑하고 교육을 잘 받은 경우에도 최선이 무엇인지 항상 알고 있지는 못합니다. 우리는 돌보는 일에서, 우리가 내리는 결정에서 올바르다고 생각하는 것을 행하려고 애쓰면서 사람들이나 상황과 투쟁합니다. 윤리적인 딜레마가 드러나고 두 쪽에 모두 지혜가 담겨있음을 볼 수도 있습니다. 결정을 내린다는 것은 돌보는 일에서 가장 어려운 부분입니다. 가능한 최상의 정보를 검토한 후에 우리의 통찰력에 기대고 조언을 구하고 기도하면서 우리 안에 있는 성령을 신뢰할 수 있을 것입니다.

오, 하느님, 당신은 전 우주를 부양하고 계십니다. 당신을 믿고 당신의 지혜를 신뢰할 수 있도록 도와주소서. 주어진 사실을 검토하고, 다른 이의 소리를 경청하지만 그래도 어떻게 해야 할지 모를 때, 저로 하여금 당신의 영이 제 안에 거주하고 계셔서 무엇이 필요한지 여쭙게 계시다는 것을 기억하게 하소서. 제가 내면에 계시는 성령의 현존하심을 믿고 성령이 제게 하라시는 것에 '네' 라고 대답하면 잘못을 저지르는 일은 없으리라는 것을 알게 하소서.

> 지상의 누구도 당신을 불행하게 만들 힘을 가지고 있지 않습니다. 세상의 어떤 일도 당신을 교란시키거나 상처를 줄 수는 없습니다. 어떤 사건이나 조건, 상황도, 어떤 사람도 그럴 힘을 가지고 있지 않습니다.(드 멜로, 『깨달음』, 79쪽)

    우리가 겪는 불행이 상당부분 우리가 자초한 것이라고 인정하기는 어렵습니다. 진실이 아니라서가 아니라 진실이기를 바라지 않기 때문에 그렇습니다. 누군가에게 또는 무엇인가에 탓을 돌리기가 더 쉽습니다. 돌보는 일을 하면서 우리는 자신의 조급함, 분노, 불행 따위를 우리가 보살피는 사람이나 불행을 초래할 수 있는 많은 일들이 벌어지는 상황에 전가시키려는 경향이 있습니다. 우리는 의식적으로 행복하려는 노력을 해야 합니다. 힘겨울 때는 하느님의 도움을 간청할 수 있어야 합니다.

기쁨의 원천이신 하느님, 당신의 행복이 언제나 제 안에서 샘솟게 하소서. 그것이 항상 제가 웃을 수 있으리라는 것을 뜻하지는 않음을 압니다. 그렇지만 일이 어렵고 곤고할 때 깊은 내면에서 견고하고 축복으로 가득찬 기쁨의 토대인 당신의 현존과 저에 대한 당신의 사랑을 만날 수 있을 것입니다. 그러니 제 불편을 다른 이의 탓으로 돌리는 대신에 당신이 제게 주신, 저를 위한 책임으로 받아들이는 선택을 할 수 있게 하소서.

> 분노하게 되더라도 그 때문에 죄를 짓지는 마십시오. 석양이 여러분의 분노에 드리우지 않게 하십시오... 서로를 도와주고 북돋아주는 말들만 하십시오.(에페소서 4:26-29)

별로 중요하지 않은 일에도 화를 내는 일이 자주 있습니다. 병들고, 궁핍하고, 고통받는 사람, 죽어가는 이들과 밀착해 있을 때, 보살핌이 필요한 사람과 보살핌을 주는 사람 안에서 격한 감정이 일어나는 것은 자연스러운 일입니다. 삶이 어려울 때 통렬한 감정이 솟아오르고 큰 문제와 씨름하게 됩니다. 사실, 환자와 그를 돌보는 사람이 그런 격한 감정을 겪지 않고 서로를 대하기를 기대한다는 것은 비현실적인 생각입니다. 거기에는 온갖 종류의 감정이 뒤섞여 있습니다. 문제는 우리가 그런 감정들을 어떻게 처리하느냐 하는 것입니다.

아, 하느님, 제게 일어나는 감정이 당신이 제게 주신 선물 가운데 하나라고 받아들일 수 있도록 도와주소서. 그런 감정이 자연스러운 것이라고 인정할 수 있게 하소서. 문제가 되는 것은 감정이 아니라 그 감정을 제가 어떻게 처리하느냐 하는 것임을 가르쳐주소서. 잘못되었다거나 분노를 느낄 때 제가 어떤 반응을 해야 할지 생각할 수 있는 힘을 주시고 제가 좋은 느낌을 가질 수 있는 그런 반응을 할 수 있도록 도와주소서. 또한 "도와주고 북돋아주는 그런 말들만 하라"시는 바오로 사도의 말씀이 제 영혼에 뿌리내리고 저의 모든 행위를 인도하게 하소서.

> 피조물치고 하느님 앞에 드러나지 않는 것은 없습니다. 하느님의 눈앞에는 모든 것이 다 벌거숭이로 드러나게 마련입니다.(히브리서 4:13)

분노는 때로 우리의 모든 것에 스며듭니다. 우리가 관심을 기울이는 이들에게도, 우리에게 도움을 줄 수 있으면서도 돕지 않는 사람들에게도 분노합니다. 그리고 우리를 이런 상황으로 인도하신 하느님께도 화를 냅니다. 그리고는 또 화를 낸 사실에 죄책감을 느끼고 부끄러워합니다. 결국 우리 자신에게 화가 나는 상태가 됩니다. 그러면서도 하느님이나 다른 어느 누구도 그런 식으로 혼란에 빠진 우리를 보지 않기를 바랍니다.

저희를 사랑하시는 하느님, 저의 분노가 무력감과 조금 더 나은 상황을 만들지 못하는 무능에서 비롯된다는 것을 압니다. 부디 저의 분노의 본질을 꿰뚫어보시고 돌보고자 하는 저의 갈망을 보아주소서. 저의 분노를 선한 행위를 위한 에너지로 바꾸어주소서.

> 감정은 우리가 살아있음을 표현해주는 것이며, 항상 변하는 과정 중에 있는 것입니다… 역설적인 사실은 감정을 통제하려고 애쓰는 동안 오히려 그 감정에 통제를 받고 있다는 것입니다. 그러니 우리는 자신이 감정의 손아귀에 잡혀 있음을 발견하게 됩니다. 그것이 감정을 통제하려는 시도를 더 많이 하게 만들거나 더욱 더 감정에 자신을 팽개쳐버리는 폭발적 분출로 이끄는 것입니다.(웰 우드, 『마음을 일깨우기』, 85-86쪽)

투쟁에서 패자가 되고 싶은 사람은 아무도 없을 것입니다. 싸우지 않는다면 패하는 일도 없을 것입니다. 그런데도 우리는 자신의 감정으로 많은 것들을 우리의 적으로 만들어 놓습니다. 그러면 싸움이 뒤따르게 됩니다. 감정과 우리 사이에 놓여있는 전선을 없애버릴 수 있다면, 거기서 우뚝 서서 그 감정이 우리에게 전하는 바가 무엇인지 들을 수 있다면 싸움은 멈출 것이고 그 누구도 패하는 일이 없을 것입니다.

주님, 제 감정이 저와 제 환자 사이에, 선을 행하려는 저의 갈망과 저 사이에 걸림돌이 되지 않게 해주소서. 감정과 싸우지 않도록, 제 삶이 권력투쟁이 되지 않도록 해주소서. 감정이 솟구치면 솟아오르는 대로 느끼고, 받아들이고, 제게 전하는 뜻을 알아듣게 해주소서. 오늘 하루, 얼마나 여러 다른 감정을 느끼는지 알아차리고, 저의 체험 안에 들어있는 수많은 미묘한 색채를 즐기게 해주소서.

> 무언가에 저항을 하면 할수록 우리는 그것에 더 큰 힘을 주게 됩니다... 맞서 싸우는 악령에게 권능을 주는 것입니다.(드 멜로, 『깨달음』, 147쪽)

때로는 우리의 감정이 우리가 맞서 싸워야 하는 악령이 됩니다. 다른 사람을 보살피는 일을 하게 될 때 우리는 감정이 고양될 것이라고--우리 자신이나 우리가 돌보는 사람들에게--기대하게 됩니다. 우리가 고통을 겪고 있을 때나 곤궁할 때 감정은 더 격렬해집니다. 기쁨이나 즐거움은 받아들이기가 쉽습니다. 분노, 죄책감, 슬픔은 달갑지 않은 것입니다. 그래서 애써 피하려 합니다. 그런데 우리의 감정을 적으로 만들어서 저항을 하려고 들면, 역설적으로 강도와 세기가 더 커져서 우리를 압도하게 됩니다. 만일 우리가 감정을 받아들일 수 있고 친한 친구로 만들 수 있다면, 그리고 거기서 교훈과 은총을 얻을 수 있다면, 우리를 위협하는 그 힘은 사라진다는 것을 발견할 수 있을 것입니다.

저를 놀라운 존재로 만들어주시고 제 안에 풍부하고 다양한 감정을 선물로 주신 하느님, 저를 도우시어 그 감정들을 삶이 주는 축복과 신호로 인정할 수 있도록 도와주소서. 감정을 제 안에서 일어나고 있는 것들을 표현해주는 것으로, 그래서 건강하게 배울 수 있는 것으로 환영할 수 있게 해주소서. 그래서 제가 앞으로 나아가는데 그 감정적 에너지를 쓸 수 있도록 해주소서.

> "내가 친히 너를 데리고 가서 너를 편하게 하리라."(출애굽기 33:14)

피곤과 탈진으로 도무지 일이 편해지지 않는 듯한 나날이 계속될 수 있습니다. 한 가지 일을 마치면 또 다른 일이 기다립니다. 어떤 처방도 눈에 보이지 않고 보살핌이 줄어들리라는 어떤 조짐도 보이지 않습니다. 충분히 잠을 잘 수만 있다면, 잠시라도 방해받지 않고 그저 눈이라도 붙일 수 있어서 조금 쉴 수만 있다면, 돌봄이 그토록 감당할 수 없을 것 같지는 않습니다.

저와 동행해주시는 하느님, 좀더 장기적인 처방을 발견하기 위해 기다리는 동안, 당신 안에서 잠시라도 휴식할 수 있게 해주소서. 이 하루, 순간순간, 제 원기를 회복시켜 주시어 해야 할 일을 할 수 있게 해주소서. 제 힘겨운 일의 한가운데서도 보배로운 휴식을 찾아낼 만큼 창조적인 사람이 되게 해주소서.

> 그것은 사람의 힘으로는 할 수 없으나 하느님은 하실 수 있는 일이다. 하느님께서는 무슨 일이나 다 하실 수 있다.(마르코 10:27)

　더 이상, 단 하루도 더는 돌보는 일을 하고 싶지 않은 그런 때가 찾아옵니다. 누군가를 보살피는 부담을 지고 싶지 않습니다. 피곤에 지치고 화가 나고, 왜 다른 사람은 도움을 주지 않는지 이해할 수 없습니다. 우리가 돌보는 것을 포기하면 아무도 그럴 사람이 없다는 것을 알기 때문에 마치 덫에 걸린 듯합니다.

　저를 보시고 제 고통을 아시는 하느님, 저는 당신 안에서, 당신이 제게 주신 일을 계속해야 한다는 것을 알아차릴 수 있음을 압니다. 제가 느끼는 그 무거움을 당신께서 들어 올려 주시고, 때로는 그 일이 어느 정도 만족감과 좋은 느낌을 가져다준다는 것을 압니다. 당신께 의탁합니다. 저에게 인내와 용기 그리고 끈기를 내려주소서. 자비로우신 하느님, 도와주소서, 도와주소서.

> 아무것도 당신을 방해하도록 하지 마십시오. 그 무엇도 당신을 두렵게 하지 않습니다. 모든 것은 지나갑니다… 하느님을 자신 안에 모시고 있는 이는 아무것도 다른 것은 필요 없습니다. 하느님 한 분 만으로 충분합니다.(아빌라의 테레사, 『사계절을 위한 성인』, 128쪽)

기진맥진하고 우리의 능력이 막바지에 와 있다고 느낄 때, 더 이상 아무것도 할 수가 없다고, 우리가 하는 일이 모두 다 잘못된 것처럼 보일 때, 감사하다는 말 한마디조차 들을 수 없을 때, 모든 사람에게 화가 나고 우리 자신에게는 더더욱 화가 날 때, 잠시 뒤로 물러나 다시 정신을 모으고 모든 것은 지나간다는 것을 상기하는 것이 좋습니다. 그런 때에는 아빌라의 테레사 성녀의 말씀을 생각하십시오. 곤경에 놓여있는 사람들을 보살피는 하느님의 일에 동참하면서 우리가 도움을 요청할 때 하느님은 우리를 강하게 해주실 것입니다. 하느님께 도와달라고 간청하는 것이 우리가 할 수 있는 모든 것입니다.

살아계시는 주님, 저의 고통을 위로하여 주소서. 이것도 역시 지나가 버릴 것이라 하시는 테레사 성녀의 확신을 저도 가질 수 있게 해주소서. 당신의 은총이 제게 필요한 모든 것임을 알고 있습니다. 그렇지만 더 확실하게 믿을 수 있게 해주소서. 주님, 제 조력자가 되어주십시오. 저의 각오를 강하게 해 주시고, 제게서 분노를 씻어 주시고, 제 신경을 진정시켜 주시고, 제게 인내를 허락하소서.

> "힘을 내고 용기를 가져라. 무서워 떨지 말라. 네가 어디로 가든지 네 하느님 야훼가 너를 떠나지 아니하리라."(여호수아 1:9)

때로 우리는 원하지 않는 곳에 있게 된 자신을 발견합니다. 돌보는 일도 그 중의 하나입니다. 우리의 힘을 빨아들이고 희망을 잃어버리게 하는 난처한 처지에 봉착합니다. 빠져나갈 길이 보이지 않는 것 같습니다. 사람들은 보살핌을 필요로 하고 있고 그걸 할 수 있는 사람이 우리밖에는 없는 상황일지도 모릅니다. 날마다 어떻게 해야 할지 모르는 온갖 허드렛일들이 찾아옵니다. 그런 일들을 해낼 수 있는 경우에도 어딘가 다른 곳으로 가고 싶은 우리의 갈망과 책임져야 한다는 생각 사이에서 함정에 빠진 듯한 기분을 가질지도 모릅니다. 우리를 필요로 하는 이들을 팽개칠 수는 없는 것입니다.

하느님, 당신이 저와 함께 해주시는데도 분노를 느끼는 그런 때가 있습니다. 어딘가 다른 곳으로 도망치고 싶어하면서도 또 보살피는 일을 제대로 하고 싶은 생각이 동시에 드는 그런 상황이 저는 싫습니다. 저의 이 혼란스러움을 당신은 보고 계십니까? 갈등 속에서 제가 강하게 견디기를 원하신다면 제발 저와 함께 여기 계셔주십시오. 제가 해야 할 일을 할 수 있도록 저의 힘이 되어 주십시오. 그렇지 않으면 저는 더 이상 이 모든 일을 계속할 수 없나이다.

> "나, 야훼는… 한결같은 사랑으로 너를 사랑하여 너에게 변함없는 자비를 베풀었다."(예레미야 31:3)

때때로 우리는 최선을 다하지 못하고 부끄러움을 느낍니다. 우리의 보살핌을 받아야 하는 사람들에게 좌절하고 실망을 느끼기도 하고 그 탓을 그들에게 돌리기도 합니다. 일도 아무렇게나 하고, 함부로 대하고, 퉁명스레 말하거나 거칠게 행동하기도 합니다. 그리고는 우리가 도대체 무엇을 하고 있는지 한심해 하며 실패한 듯 느낍니다. 후회와 죄책감으로 침울해집니다. 그래서 우리가 원하는 사람이 되기에는 자신이 너무도 부족하다고 생각합니다.

오, 자비와 사랑이신 하느님, 저의 잘못을 용서하소서. 제 잘못으로부터 배우고 보살핌을 베푸는 일을 좀 더 당신처럼 하게 해주소서. 당신이 저를 용서하시듯 저 자신을 용서하게 하시고 무슨 일이 있더라도 당신께서 저를 사랑하신다는 것을 알아차릴 수 있도록 도와주소서. 저로 하여금 날마다 새롭게 시작할 수 있도록 허락하소서.

> 괴롭던 일은 다 잊혀져
> 흘러간 물처럼 기억에서 사라지겠지.
> 숨쉬는 나날은 대낮보다도 환해지고
> 어둠은 새아침처럼 밝아질 것일세.(욥기 11:16-17)

　　돌보는 일이 한동안은 잘 되어나가다가도 좌절하고 무언가에 분노를 느끼게 됩니다. 우리가 보는 세상 전체가 우리의 비탄으로 왜곡되어 버립니다. 우리가 느끼는 감정이 영원할 것처럼 행동하면 사실은 상황을 더 나쁘게 만드는 것입니다. 절망의 한가운데 있을 때 왜 우리는 어두운 시간이 있으리라 예측했음을 상기하지 않는 것인지요. 그 어둠을 붙잡고 있지만 않는다면, 그것은 홍수처럼 지나가 버릴 것입니다.

　　성령이시여, 저의 모든 감정을 수용하고 또 그 가운데서 무엇인가를 배우고 그리고는 지나가게 내버려두는 법을 가르쳐 주소서. 당신의 말씀은 진실하시며 바로 제게 주시는 것임을 기억할 수 있도록 도와주소서. 당신의 도움으로 저는 현재의 이 고통을 넘어서 앞으로 나갈 수 있을 것입니다. 당신이 받쳐주시니 제 삶은 "한낮보다 더 밝은 것"이 될 것입니다. 저를 위해 희망을 간직하고 계신 하느님, 감사합니다.

> 모든 일이 서로 작용해서 좋은 결과를 이룬다는 것을 우리는 압니다.(로마서 8:28)

최상의 의도를 지니고도 때로는 얼굴이 납작해지는 일이 있습니다. 우리 대부분은 자신에 대해 꽤 좋은 느낌을 지닐 때가 있습니다. 그러다가는 바로 그 다음 순간 어이없이 무너지고 맙니다. 심각한 잘못을 저지르거나 친절하지 못하거나, 아니면 우리가 했어야만 할 일을 잊기도 합니다. 그리고는 몹시 마음이 상합니다. 돌보는 일을 열심히 하기는 하지만 잘못을 어떻게 처리해야 할지는 그리 잘 알지 못합니다. 잘못을 잊지만 않는다면 우리는 사과를 할 수도 있고 스스로를 용서할 수도 있습니다. 그리고 바오로 사도가 말씀하신 것처럼 하느님은 우리의 실패 가운데서도 좋은 결과를 내신다는 것을 "확신"할 수 있습니다.

사랑하는 하느님, 제가 마침내 저 자신과 당신을 마주하니 제 잘못이 저를 겸손하게 만드는 체험이었음을 인정할 수밖에 없습니다. 잘못을 저지르고 싶지 않았고 그래서 당혹스럽습니다. 이런 때에는 저도 그저 다른 모든 인간과 같이, 놀라운 일을 할 능력과 힘도 있지만 끔찍한 선택을 하기도 한다는 것을 상기시켜 주소서. 저의 잘못이나 저조한 감정에 머물러 있지 않게 하소서. 다른 이들의 혈친임을 제가 느끼고 박차고 일어나 앞으로 나아가게 해주소서. 모든 일이 좋은 결과를 이루도록 돕고 싶습니다.

> 하느님은 사람들처럼 보지 않는다. 사람들은 겉모양을 보지만 나 야훼는 속마음을 들여다본다.(사무엘상 16:7)

우리는 언제나 우리가 하고 싶은 대로 하게 되지는 않습니다. 최선을 다해서 돌보는 일을 하려고 합니다만 보살핌을 받은 사람들이 언제나 그걸 다 보지는 않습니다. 때로 우리가 최선을 다해 기울인 노력이 수포로 돌아가거나 거절당하기도 합니다. 그러면 우리는 생각도 해보지 않고 화가 나고 또 분노를 폭발시킵니다. 우리가 되고자 하는 것이 무엇인지 성찰해보려고 하지 않는 때가 수없이 많습니다. 다행스럽게도 하느님은 우리의 마음을 들여다보시고 보살핌을 다하려고 한 우리의 진지한 갈망을 헤아려 주십니다.

하느님, 당신께서는 겉을 꿰뚫어보시어 이해하시고 우리의 마음을 살펴보십니다. 제 마음이 사랑으로 가득찰 수 있게 해주시고 그 사랑이 제가 하는 모든 일에 스며들도록 해 주소서. 저의 모든 보살핌이 사랑에서 우러나오고 또 사랑으로 가득찬 것이 되었으면 좋겠습니다. 제가 의식적으로 그렇게 말하지 않을 때에도 그리 되게 해주소서. 저를 도우시어 그를 보게 해주소서. 제 안에 사랑하는 마음을 창조해주소서.

> 완전하지 않은 자신을, 그리도 되고 싶은 성인이 되지 못하는 자신을 용서하기 전에는 당신은 사랑할 수 없습니다.(로어, 『철저한 은총』, 82쪽)

돌보는 일을 하는 사람으로서 우리는 완벽해지려는 욕망에 사로잡히기가 쉽습니다. 모든 것을 똑바로 하려고 분투하고 사람들이 우리를 좋아하기를 바라면서 말입니다. 완벽해지고자 하는 우리 자신의 갈망에 몰두해 있으면, 다른 사람들에게 필요한 것이 무엇인지 주의를 기울이지 못하게 되고 맙니다. 사랑은 성가신 것이어서 완벽주의의 좋은 친구가 될 수 없습니다. 사랑은 허약한 데서 더 잘 이루어집니다. 약할 때 우리는 자기방어의 벽을 낮추고 우리의 허물을 인정하게 됩니다. 그리고 완벽한 사람으로서의 자기 이미지를 벗어나 무엇인가가 이루어지게 할 수 있는 것입니다.

나의 주님, 제가 잘 준비하여 일을 배울 수 있게 하시고, 그리고는 저 자신을 쳐다보는 것을 잊게 하소서. 저는 제가 불완전한 인간임을 받아들이고 싶습니다. 저의 모든 약점, 허물, 의구심 따위를 받아들이게 하시고, 상처받은 환자와 제가 똑같은 점이 얼마나 많은지 알게 하소서. 우리 서로의 상처가 함께 하는 곳에 공감대가 있다는 것을 알게 되면 그제서야 우리는 당신께서 온전히 편안하게 느끼실 그런 사랑을 나눌 수 있을 것입니다.

> "나 야훼가 너의 하느님이다.
> 네가 잘 되도록 가르치는 너의 스승이요
> 네가 걸어야 할 길로 인도하는 너의 길잡이다."(이사야 48:17)

　가끔씩 저는 돌보는 일의 책임으로부터 벗어나고 싶고, 떠나고 싶고 또 숨어버리고 싶습니다. 병들고 궁핍한 사람들, 그 힘겨운 투쟁과 고통, 슬픔 따위를 더 이상 어떻게도 하고 싶지 않을 때가 있습니다. 그보다는 건강, 휴식, 즐거움, 온전함을 누리고 싶습니다. 이 세상의 모든 좋은 일들을 즐기고 싶고 또 힘들고 고통스러운 것들을 다 잊고 싶습니다. 그렇게 힘들게 일하고 싶지 않은 때가 있습니다.

제 인생순례를 이끄시는 하느님, 일이 힘들 때 더 이상 그 일에 머물고 싶지 않을 때, 그럴 때 당신께서 저를 인도해주실 것을 믿습니다. 건강, 휴식, 즐거움이 당신의 선물이며 그 선물은 병들고 고통 중에 있을 때에도 발견할 수 있는 그런 것임을 알 수 있도록 도와주소서. 도망치려고 발길을 돌리려 할 때, 제가 있는 곳에 태양을 비춰주소서. 제 영혼이 당신과 함께 하는 제 내면의 여정을 통해 새롭게 태어나게 하소서.

> 야훼가 너를 줄곧 인도하고, 메마른 곳에서도 배불리며, 뼈 마디 마디에 힘을 주리라. 너는 물이 끊어지지 않는 샘줄기
> (이사야 58:11)

사막은 황량하고 무덥고 견디기 힘든 곳입니다. 잔인한 태양을 막아주는 것이 없습니다. 물도 없고 음식도 없고 보호해줄 것이 아무것도 없는 사막으로 걸어들어가는 것은 삶을 위협하는 것이기도 합니다. 때로 다른 이를 돌보는 일이 사막처럼 느껴질 때가 있습니다. 항상 주의를 기울여야 하고 부드러워야 하며, 또 한없는 참을성이 요구되는데 그런 것들이 마치 사막의 태양처럼 잔인한 것일 수도 있습니다. 그 힘겨운 일들이 감당하기 힘들게 덮칠지도 모릅니다. 그렇지만 사막은 또 언제나 삶으로 충만한 곳이기도 합니다. 단련되지 않은 눈으로 보면 감춰져 있지만 황량함과 열기에서도 살아남는 것을 배운 수목들과 생명체들이 있습니다. 어디를 보아야 할 지 알기만 한다면 우리는 그것들을 찾을 수 있습니다.

사랑하는 하느님, 돌보는 일이 사막을 지나는 것처럼 느껴질 때, 저를 압도하는 것들로부터 피할 곳이 아무 데도 없다고 느낄 때, 제가 주의깊게 살펴보면 발견할 수 있는 충만한 삶이 있음을 기억하게 해주소서. 사막에서 자라는 나무와 동물처럼 저를 지혜롭게 해주소서. 당신께서 휴식을 주시는 그 숨겨진 장소를 제게 보여주소서.

> 나는 결코 너를 잊지 아니하리라.(이사야 49:15)

돌봄이 감사도 없고, 쓸모도 없고, 잊혀질 때도 있습니다. 도대체 무엇이 가치가 있는 것인지, 무슨 의미가 있는 것인지 의구심을 가지게 됩니다. 아무 방도가 없다면 무언가 좀더 보상이 주어지는 일은 없는 것일까 싶기도 합니다. 왜 우리가 그토록 힘들여 일하는지 의아합니다. 심지어는 하느님이 어디 계시는지조차 의심스럽습니다.

사랑하는 주님, 제가 당신을 생각하고 있지 않을 때에도 당신은 저를 생각하고 계십니다. 당신이 저를 보고 계시다는 것을, 당신을 기습하듯 잡을 수 없지만 또 당신이 저를 잊고 계실 리도 없다는 사실을 제게 보여 주소서. 제가 하는 작은 일 하나하나가, 제가 베푸는 보살핌이 모두, 또 제 삶의 매 순간이 당신 마음에 새겨질 것입니다. 당신은 바로 지금 여기 계시며 저를 사랑하고 기억해 주십니다.

> "나를 따르려는 사람은 누구든지 자기를 버리고 제 십자가를 지고 따라야 한다."(마태오 16:24)

　살아가는 일은 힘겨운 일입니다. 누군가를 돌본다는 것은 우리가 지고 있는 짐에다 다른 사람의 짐을 보태는 것을 뜻합니다. 매 순간 우리에게 닥치는 상황은 우리에게 시련을 주기도 하고, 우리가 준비를 갖추고 있는 것 이상을 요구하는 것이기도 하며, 우리 스스로의 즐거움을 포기하게 하는 길이기도 합니다. 우리는 거룩함을 다른 데서 찾을 필요가 없습니다. 우리는 모두 각자에게 독특하게 주어지는 짐인 자신만의 십자가를 지니고 있는 것입니다.

사랑하는 하느님, 제 십자가는 제 삶에서 오는 것임을 이해할 수 있도록 도와주소서. 제가 진 모든 짐이, 돌보는 일이 주는 짐마저도 저의 성장과 제 안의 선을 위한 원천이 되도록 하여 주소서. 제 책임을 팽개쳐 버리고 싶은 유혹을 느낄 때, 제 할 일에 게으름을 피울 때, 사랑을 거부하려고 할 때, 예수님의 말씀을 상기시켜 주소서. 그 시련을 잘 견딜 수 있도록 저를 강하게 만들어 주소서.

> 들이쉬고 내쉬며 호흡을 하듯 살아간다면 잘못되는 일은 없을 것입니다.(클래리사 핀콜라 에스테, 『늑대와 함께 달리는 여자』, 163쪽)

할 일이 산더미처럼 쌓이고 그 무엇도 수월하게 해낼 수 없을 것 같은 때가 있습니다. 모든 것에 책임을 느끼며 다른 사람이 그 일을 잘 해내리라 믿지도 못합니다. 끝에 가서는 우리가 집착하여 매달리고 있는 일들이 곧 무너지고 말 것 같은 위협도 느낍니다. 그런 상황에서는 흐르는 것을 생각하면 도움이 됩니다. 흐르지 않는 물은 고여서 썩습니다. 공기가 폐에 흐르지 않는다면 우리는 죽습니다. 근심, 걱정, 의문, 공포, 감정 따위에 매달려 있으면 끝내는 폭발하고 맙니다. 잡았다 풀어주었다 하는 법을 스스로에게 가르칠 필요가 있는 것입니다.

정지하는 법이 없으신 성령이시여, 건강하게 잇고 풀고 하는 법을 제게 가르쳐 주소서. 제가 보살펴주는 이들이 제가 밀착해 있어야 치유가 되고 은총으로 가득차게 된다면 그렇게 되게 해 주소서. 그냥 내버려두어야 할 필요가 있을 때에는 저나 제가 보살펴주는 이들의 온전한 인격에 대한 믿음과 사랑으로 그렇게 할 수 있는 방법을 알려 주소서. 숨을 들이쉬고 내쉬고 할 때마다 삶은 흐를 필요가 있다는 것을 기억하게 해 주소서.

> 예수께서 측은한 마음이 드시어 그에게 손을 갖다 대셨다.
> (마르코 1:41)

사랑하는 사람이 우리를 알아보는 능력을 잃어버렸을 때, 그 사람을 돌보는 일은 참으로 힘이 듭니다. 아무런 명백한 신체적 이유도 없이 사랑하는 이가 우리를 알아보지 못하는 것입니다. 행여 알아보는 기미가 보일까, 소통을 할 수 있는 낌새를 그 눈빛에서 찾을 수 있을까 탐색하고 희망하며 날마다 우리의 가슴이 미어집니다. 이미 잃어버렸고, 또 앞으로 잃어버릴 것을 생각하며 날마다 비통에 젖습니다. 이런 경우에 우리는 우리가 사랑하는 사람과 자기 자신 둘 다를 돌보아야 합니다.

사랑하는 하느님, 이런 식으로 사랑하는 사람을 돌보는 것이 너무도 고통스럽습니다. 단 한순간이라도 그이가 저를 알아보기만 한다면, 그리고 제가 함께 있음을 알기만 한다면 좋겠습니다. 그러나 어떤 기미도 보이지 않습니다. 저의 이 좌절과 절망을 용서하소서. 제가 아무런 호응을 받지 못하더라도 저의 모든 사랑과 보살핌이 그 사람에게 받아들여지게 하소서. 제 손이 그를 만질 때 제 간절한 사랑이 소통이 되게 해주소서. 당신의 사랑과 보살핌으로 저희 두 사람을 만져주소서.

> 서로 너그럽게 따뜻하게 대해주십시오.(에페소서 4:32)

모든 것에 지시를 내리고 매사가 계획대로 이루어져야 되는 사람을 돌본다는 것은 어려운 일입니다. 도움이 필요한 사람은 자신이 그 모든 일을 할 수 없게 될 때 존엄성과 자긍심을 상실한 것으로 느낄 것입니다. 자신의 독립성을 포기할 수밖에 없는 상황에 놓이면 그런 사람들은 더욱 더 심하게 다른 사람들을 지휘하려 듭니다. 우리, 돌보는 이들은 그런 종류의 통제욕구와 투쟁해야 하고 때로는 우리가 책임져야 하는 경우도 있지요. 정말 미묘한 그런 투쟁을 해소하려면 엄청난 인내가 요구됩니다.

지혜이신 하느님, 저는 도무지 사태를 조리있게 정리할 수가 없습니다. 또 질서정연하게 정리하는 것이 별 소용이 없는 것 같습니다. 아마도 저는, 자신의 삶을 통제할 능력을 잃어버리고 있다고 느끼는 사람들을 대하는 것이 논리의 문제가 아니라는 것을 깨달아야 할 것입니다. 논쟁을 하고 이기려고 하는 대신에 약간의 친절을 베푸는 것이 더 제가 할 수 있는 가장 큰 일일지도 모르겠습니다. 제가 정말 잃어버리는 게 무엇일까요? 부디 제게 친절함의 은총을 허락하소서.

> 아무것도 할 수 없는 것들(쓸모없는 것들), 그리고 어떻게 피할 도리가 없는 일들(필요한 일들)은 언제나 우리를 실재에 가 닿게 합니다.(로어, 『철저한 은총』, 380쪽)

    나이들고, 학대받는 이들, 휘청거리고, 몸이 무너진 사람들, 마음으로 세상과 연결되지 못하는 이들, 사회로부터 쓸모없는 것으로 밀쳐진 수많은 사람들이 우리의 돌봄의 손길에 맡겨진 사람들입니다. 그건 참으로 힘든 일이어서 달아나 버리고 싶기도 합니다. 그러나 이들은 어디에도 갈 데가 없는 이들입니다. 그네들이 겪는 곤란은 바로 그대로 우리 자신의 곤란이고, 불안정이며 상처이기도 합니다. 우리가 믿는 것이 무엇인지, 어디에 가치를 두는지를 우리에게 묻고 있는 것입니다.

하느님, 곤란을 겪고 있는 사람들을 기꺼이 돌보는 것만으로는 충분하지 않은가요? 그들을 돌보는 일은 안팎으로 힘이 듭니다. 그리고 저는 그 모든 어려움을 다 감당할 수 있을지 자신이 없습니다. 그리 매력적이지 못한 그런 장소에 당신이 숨어계시면서 저를 기다리게 하시는지도 모르겠습니다. 왜 그리도 보살핌을 힘들게 만드십니까?

> 야훼여, 언제까지 나를 잊으시렵니까?
> 영영 잊으시렵니까?
> 언제까지 나를 외면하시렵니까?(시편 13:1)

아기를 돌볼 때나 우리와 의사소통이 안 되는 사람들을 돌볼 때, 그 누구도 우리의 돌봄을 알아차리거나 감사하지 않을 때, 심한 고립감을 느낍니다. 그렇게 고독한 상황에서 일하는 것은 참으로 고통스러운 것입니다. 그럴 때 우리는 누군가 우리의 체험을 함께 나눌 수 있는 사람을 찾게 됩니다. 그러면 적어도 우리는 우리가 하는 일에 어떤 의미를 얻을 수는 있을 것입니다. 그렇지만 그저 버림받은 것처럼, 심지어 신에게서조차 버려진 것 같은 느낌만 가질 수도 있습니다. 그럴 때 우리는 시편 13장 5절을 기억하는 것이 좋겠습니다. "이 몸은 주의 사랑만을 믿사옵니다. 이 몸 건져 주실 줄 믿고 기뻐합니다."

저의 주님, 너무도 외롭습니다. 그리고 당신께서 저를 버리신 듯 느껴질 때도 있습니다. 제가 어디에 있는지조차 그 누구도 알지 못하는 것처럼 느껴져 돌보는 일을 계속하기가 점점 더 어려워집니다. 당신 얼굴을 제게 숨기고 계실 때면 당신을 발견할 때까지 계속 당신을 찾을 것입니다. 제 짐을 기꺼이 함께 나누어 질 친구에게서 당신의 모습을 찾겠습니다. 그조차도 실패하면 시편작가가 찬양해 마지 않는 확고부동한 당신의 사랑을 느끼기를 바라며 기도 속에서 당신을 부르겠습니다.

> 원수가 배고파하면 먹을 것을 주고 목말라하면 마실 것을 주십시오. 그렇게 하면 그의 머리에 숯불을 쌓아 놓는 셈이 될 것입니다.(로마서 12:20)

때로 우리가 보살펴주는 사람들이 우리에게 적이라도 되는 듯한 때가 있습니다. 애를 먹이고 우리가 베푸는 도움이나 제안을 거부하고 지긋지긋하게 성미를 부리기도 합니다. 바오로 사도께서는 흥미로운 제안을 하십니다. 우리가 베푼 사랑을 사랑으로 돌려받으려고 하는데 그에 맞는 반응을 받지 못할 때는, 우리를 괴롭히는 이들의 의표를 찌르는 행동을 함으로써 그들로 하여금 자신의 행동을 되돌아볼 만큼 충격을 주라는 것입니다. 그들이 어떻게 대하든 우리는 사랑하기로 마음먹을 수 있습니다. 그들이 어떻게 행동하는가에 맞추어 일을 하는 것이 아니기 때문이지요.

지혜로우신 하느님, 가끔은 험악한 행동에 맞닥뜨려 충격을 받을 필요가 있다는 것을 당신께서는 아십니다. 보살피기 힘든 이들과 함께 하는 저를 도와주소서. 그들에게 한결같은 사랑의 마음을 지닐 지혜와 힘을 주소서. 제가 온유한 친절로 대하면 그들이 건강하지 못한 행태에서 벗어날 수 있을지도 모릅니다.

> 사람은 누구나 성을 냅니다. 성인도, 죄인도 다 마찬가지입니다. 성내고 분노하고 공격적이 되는 것은 슬픔과 기쁨, 사랑을 느끼고 피곤하고 외로움을 느끼는 것처럼 다 인간적인 것입니다.(밴 캄, "분노와 온화한 삶,"『마음을 일깨우기』, 97쪽)

누구의 삶에서나 분노는 불가피한 것입니다. 돌보는 일은 바로 그 자체로 바람직하지 않은 삶의 상태입니다. 무력감, 고통, 슬픔, 궁핍의 상황이지요. 그래서 우리 스스로의 허약함과 두려움에 맞닥뜨리게 됩니다. 자신의 무력감을 상기시켜주는 상황을 피하려고 무진 노력을 하기 때문에, 알지 못하는 사이에 그것을 상기시켜주는 사람을 보면 당혹스러워집니다. 우리의 분노의 뿌리를 인식하게 되면 자신이 왜 그런 반응을 하게 되는지 이해하고 조절하는 데 도움이 될 것입니다.

자비로우시고 애련해 하시는 주님, 성전에서 보여주신 예수님의 분노의 이야기로 저를 위로해 주소서. 분노는 자연스러운 반응이고 제 안에 도움이 될 잠재력이 있음을 기억하게 해 주소서. 분노에 휩싸여 있을 때 그 분노가 제 인간성의 한 부분–사실상 삶의 한 징표–임을 받아들일 수 있도록 도와주소서. 상처받기 쉬운 성질과 무력함이 약점이 되는 것이 아니라 당신을 가장 쉽게 만날 수 있게 해주는 것이고 제 철벽같은 굳은 마음에 틈새를 만들어주는 것임을 알게 하소서. 상처받았다고 느낄 때 당신에게 더욱 더 의탁할 수 있도록 저를 인도해 주소서.

> 정신적인 상처를 입은 사람들을 치유하는 과정에서 핵심적인 부분은 다른 사람이 선할 수 있다는 것, 상처를 입었더라도 자신이 소중한 존재라는 것을, 그리고 불신보다는 신뢰가 세상을 대하는 더 적절한 방법임을 직접적으로 증명할 수 있는 관계를 형성하는 것입니다.(로니 재노프-불만, 『부서진 전제』, 162쪽)

돌보는 일은 보통 우리가 생각하고 있는 것보다 훨씬 그 흔적이 오래갑니다. 삶이 부서졌다고 믿는 사람들을 돌보아줄 때, 우리가 그들과 관계를 맺는 방식이 그들로 하여금 건강한 삶으로 돌아가게 하는 길을 발견하도록 도와줄 것입니다. 상처받은 희생자에게 가까운 사람들의 정서적 지원은 건강을 회복할 수 있게 해주는 가장 큰 요소의 하나인 듯합니다.

사람이나 삶에 대한 믿음을 잃어버린 사람들을 보살필 때, 주님, 그들 안에 믿음을 다시 회복시켜줄 수 있도록 제게 부드러움과 존중의 태도, 감수성과 신뢰의 마음을 주소서. 힘차고 건강하게, 배려의 자세로 당신을 대신할 수 있도록 도와주시어 그들로 하여금 다시 삶을 선택하고 그것이 좋다는 것을 알게 하소서. 제가 그들이 신뢰할 수 있는 사람이 되게 하시고, 사랑으로 가득찬 마음으로 그들과 함께 한다는 것의 그 엄청난 중요성을 이해할 수 있도록 도와주소서.

> "슬퍼하는 사람은 행복하다. 그들은 위로를 받을 것이다."(마태오 5:4)

우리는 우리가 알고 있는 것보다 훨씬 더 많은 시간을 비탄에 잠길 필요가 있는 것인지도 모릅니다. 돌보는 일을 하는 사람으로서 우리는 온갖 종류의 상실을 다룹니다. 그것은 고통인 동시에 특권이기도 합니다. 그 모든 상실에 대해 관심을 기울이는 것은 건강하고 올바른 일입니다. 위로는 우리가 슬퍼할 때 찾아옵니다. 비통함을 마음 안에서 삭이며 울음을 삼킬 때, 마침내 그 울음이 밖으로 터져 나오고야 말 때까지는 비통함이 오히려 더 커집니다. 슬퍼하는 것은 우리가 얼마나 깊이 삶의 은총을 소중하게 생각하는지를 알게 해주는 힘차고 건강한 것입니다.

오 하느님, 당신은 제 삶을 당신 손안에 쥐고 계십니다. 슬퍼한다는 것은 제가 얼마나 저의 은총을 소중히 여기는지를 보여주는 징표임을 깨닫게 하여주소서. 다른 사람이나 삶과의 연결을 끊으려고 작심하는 경우에만 저는 슬픔을 피할 수 있을 것입니다. 제게 요구된 것, 어떤 식으로든 슬픔을 허락하는 것이 저를 위하여 건강한 것임을 인정하고 싶습니다. 또한 제게 닥칠 모든 일에 열린 마음으로 제 삶을 계속할 수 있게 해준다는 것도 알고 싶습니다. 특별히 저는 _____를 위하여 울고 싶고 이 비통한 마음을 쏟아내고 싶습니다.

> 삶은 자신이 원하는 대로 전개되는 것이 아니라 그 나름의 방식으로 진행됩니다. 당신이 삶을 어떻게 받아들이는가가 문제입니다.(버지니아 사티어)

얼마나 많은 시간을 우리는 "만일 그렇기만 했더라면" 이라는 생각을 하는데 보내는지요. 만일 이 환자가 조금만 더 유쾌한 사람이라면... 내가 얼마나 힘들게 일하는지를 가족들이 알아주기만 한다면... 그저 가끔씩이라도 누군가 나를 좀 돌보아 준다면.... 하면서. 그런 생각은 우리의 시간과 에너지를 엄청나게 낭비하게 하면서도 사태를 대처하는 데는 아무 도움이 못됩니다. 사실 그런 생각은 우리의 기분을 더 나쁘게 만드는 것입니다. 사태를 바라보는 힘, 도움이 될 만한 것은 무엇인지, 변화시킬 수 없는 일을 어떻게 할 것인지를 발견하는 진정한 힘을 우리는 정말 실제로 갖고 있습니다.

사랑하는 하느님, 고통과 투쟁하는 일이 힘들 때, 제대로 되거나 되지 않거나 관계없이 제가 너무 오래 원망스러워 하고 싶지 않습니다. 삶에 뛰어들어 제대로 꾸려가도록 당신께서 언제나 도와주시기를 원하나이다. 저는 축복받은 사람입니다. 재능도 있고 능력도 타고 났으며 저를 사랑하는 사람들이 있고, 무엇보다 저의 주님이신 당신께서 계십니다. 그리고 저는 사태를 분별하고 최선을 다하는 것만이 제가 해야 할 일임을 알고 있습니다. 그렇지만 당신이 도와주셔야 하니 제가 당신께 의탁하나이다.

> 예수께서 마리아뿐만 아니라 같이 따라 온 유다인들까지 나자로의 죽음을 슬퍼하여 우는 것을 보시고 비통한 마음이 북받쳐 올랐다.(요한 11:33)

돌보는 이들은 때로 엄청난 슬픔의 한가운데서 일을 처리해야 하는 때가 있습니다. 보살피는 이가 혈육이든 사랑하는 친구이든, 또는 그들이 겪는 고통으로 애통한 마음이 되든 그렇지 않든 비통한 상황 속에 빠지게 되는 것입니다. 비탄의 눈물이 솟구치지만 해야 할 일을 할 수 있으려면 우리 자신의 슬픔은 눌러두어야 하는 고통도 겪습니다. 눈물은 은총의 선물일 수도 있지만 때로는 뒤로 미루어야 할 필요도 있습니다. 어떤 경우이건 돌봄은 비통한 마음을 대가로 치러야 하는 때가 자주 있습니다.

저희를 돌보시는 하느님, 예수께서는 그 지극한 사랑으로 나자로의 죽음에 비통한 눈물을 흘리셨습니다. 죽음과 상실, 고통으로 제 마음이 몹시도 애절합니다. 예수께서 눈물로 비통함을 보여주셨듯이 제가 그들과 함께 슬픔을 나누는 것이 그들에게 진정한 선물일 수 있게 해주소서. 제 눈물이 그들에게 도움이 될 때와 눈물을 흘리지 않아야 할 때를 분별할 수 있도록 도와주소서. 어느 쪽이 되든, 모든 위로의 원천이신 주님께서 저의 슬픔에 함께 해주소서.

> 눈물은 감정을 표현해주는 것일 뿐만 아니라 새로운 비전을 가지게 해주는 렌즈이기도 합니다.(에스테,『늑대와 함께 달리는 여자』, 158쪽)

    우리 자신의 삶에서 겪는 고통이나 우리가 돌보는 환자나 도움이 필요한 이들이 겪는 고통에 눈물이 솟구치는 때가 있습니다. 이유가 무엇이든 눈물을 흘리면 당황스럽고 자신이 허약하다고 느끼며 우리의 슬픔으로 다른 사람에게 부담을 주어서는 안 된다고 생각하기도 합니다. 돌보는 일을 직업으로 하는 사람에게는 특히 그렇습니다. 눈물이 축복이 될 수 있을까요? 흐르는 눈물을 그대로 내버려두어도 그것이 보탬이 될 수 있을까요? 아마도 말로는 할 수 없는 의사소통을 눈물로는 할 수 있을지도 모릅니다. 눈물은 억눌린 감정을 풀어주기도 하고 우리의 마음을 깨끗이 정화시켜주기도 할 것입니다. 눈물을 흘리면서 우리는 좀더 명료하고 정직하게 사태를 볼 수도 있습니다. 또한 우리의 눈물이 고통을 겪는 이들의 가족이나 친구들에게 위로가 될 수도 있습니다. 그들이 사랑하는 사람을 우리가 얼마나 소중하게 생각하는지를 보여주는 것이기 때문입니다.

♣

우리와 함께 계시는 주님, 울지 말라는 가르침을 받았어도 저는 제가 울 수 있는 은총을 받은 것을 감사드립니다. 때로는 깊은 슬픔을 느끼고 그 어떤 방법으로도 그러한 제 느낌을 표현할 수 없을 때가 있습니다. 그냥 눈물을 흘리는 것 말고는 어떻게도 할 수가 없을 때가 있습니다. 제가 제 감정에 솔직해지고 눈물로 그 감정을 보일 때 웬일인지 저는 사태를 다르게 보게 됩니다. 제 눈물이 비통으로 마음이 부서진 사람들에게 또한 위로가 될 수 있기를 바랍니다.

> 우리가 진실로 서로 사랑할 수 있도록 삶에 굳건히 설 수 있는 방법을 발견하는 것이 우리의 과제입니다. 그래야 우리는 다른 이를 이용하거나 서로에게 상처를 입히기보다는 진정으로 사랑할 수 있을 것입니다.(비랜즈, 『삶을 찾기』, 44쪽)

돌보는 일에서 생길 수 있는 위험 가운데 하나는 자기 자신을 위한 어떤 목적이나 자기 만족감을 위하여 우리의 보살핌에 맡겨진 사람을 이용할 가능성입니다. 의도적으로 그리하지는 않을지도 모르지만, 우리의 기대나 행동에 그런 요소가 슬그머니 스며드는 것을 발견할 때가 있습니다. 우리가 하는 일이 충분히 보상받지 못하고 있다고 느낄 때나 감사해 할 줄 모르고 협조해 주지 않는 환자나 학생, 도움을 받는 사람들을 비난하고 싶은 생각이 들 때 그러기 쉽습니다. 우리가 기울이는 노력에서 만족감을 느끼기를 소망하는 것은 자연스러운 일이기는 하지만 조심해야 합니다. 충족되지 않은 기대는 불만과 부주의를 낳고, 심지어는 보살피는 사람들을 조종하는 사태가 생길 수도 있는 것입니다.

생명을 주시는 하느님, 사랑은 보답을 바라고 하는 것이 아닙니다. 그렇지만 제가 한 일에 대해 인정받고 싶다는 생각이 듭니다. 저는 아무 대가없이 자유로이 사랑하고 보살피는 사람이 되고 싶습니다. 제게 돌아오는 좋은 선물은 무엇이건 받고 싶습니다. 그러나 그런 선물을 기대하지는 않게 해 주소서. 저를 깨어 있게 하소서.

> 누군가가 진정으로 여러분에게 도움이 될 수 있는 경우는 그들이 여러분이 지닌 생각에 도전을 할 때입니다.(드 멜로,『깨달음』, 35쪽)

　돌보는 일을 하면서 우리가 겪는 어려움은 우리가 지닌 지식이나 기술이 거부당하는 것입니다. 좋은 의도를 지니고 충분히 준비하여 행하는데도 우리가 보살피는 이들이 고마워하지 않고 반대로만 한다든지, 우리의 돌보는 방식을 싫어한다고 말하기도 합니다. 김 빠지는 듯한 느낌이 들게 하지요. 그런 거부를 반대로 뒤집어놓고 싶고 우리가 받은 상처를 치유하기 위해 반격을 가하고 싶은 충동을 느끼기도 합니다. 그런 도전이 우리에게 성장할 수 있는 기회가 된다는 것을 깨닫기는 참으로 어렵습니다.

지혜로우신 하느님, 제가 알거나 믿고 있는 것이 도전을 받지 않는 것이라면 그것은 경직된, 저의 성장을 가로막는 것이 될 것입니다. 그렇지만 그런 도전을 은총으로 여기기는 너무 어렵습니다. 제가 보살피는 사람들에 대하여 제 권위나 책임감을 버리기가 너무 힘들고, 또 그들이 언제나 옳은 것도 아님을 압니다. 그러니 제가 할 수 있는 최선은 비난의 화살을 받을 때 제가 지닌 생각이 무엇인지 살펴보고 제 믿음과 일하는 방식을 다시 한 번 숙고해 보는 것일 것입니다. 제가 새롭게 보기 시작하는 것만으로도 삶이 새롭게 될 수 있겠습니다.

> 사람은 한낱 숨결에 지나지 않는 것,
> 한평생이라야 지나가는 그림자입니다.(시편 144:4)

우리의 날들이 한 숨 바람 같기만 하다면, 날이면 날마다 고단한 상황에서 일을 할 때 그 일도 지나가고 마는 것이라는 생각을 지닐 수 있다면 얼마나 좋겠습니까. 때로는 시간에 대한 우리의 인식이 상대적임을 스스로에게 상기시킬 필요가 있습니다. 즐거울 때는 시간이 화살처럼 흐르고, 고통스럽고 괴로울 때는 시간이 한없이 늘어집니다. 때로는 뒤로 물러서서 지금 이 상황이 끝나고 나면 어떤 상태가 될까 생각해보는 것도 필요할 것입니다. 그것도 결국 지나버리고 말 그런 것입니다.

나의 주님, 이 고단한 시간이 영원히 계속되지 않으리라는 것을 저는 압니다. 영원히 계속될 것처럼 느껴질 뿐이지요. 미래를 생각하며 사는 대신에 지금 이 순간에 삶이 이루어지도록 해 주소서. 이 순간이 당신이 제게 주신 것이니까요. 내일은 더 나으리라고 생각하고 싶은 것은 사실이지만--그것이 인간적인 한계이지요--지금 이 순간을 좀 더 나은 시간으로 만들 수 있도록 도와주소서. 얼마나 삶이 빠르게 지나가는지를, 얼마나 많은 어제가 이미 지나가버리고 말았는지를 깨우쳐 주소서.

> 흔히 정서적 혼란을 풀어주는 듯 한 것은 카타르시스가 아니라, 우리의 감정이 스스로 이야기하게 하고, 무엇을 보라고 요청하는지를 드러내며, 어떻게 우리가 삶의 상황과 관련되는지를 말해주는 것입니다.(웰 우드, 『마음을 일깨우기』, 83쪽)

인간 사이의 진한 상호작용은 감정의 홍수를 일으킵니다. 유쾌한 감정일 때는 기뻐합니다. 죄책감, 분노, 증오, 혐오, 수치심, 염증 따위의 감정은 사람을 수렁에 빠지게 합니다. 그래서 그런 감정을 우리 마음의 어두운 곳에 밀어넣어 버리려고 애씁니다. 그렇지만 그러자고 마음만 먹는다면 감정은 우리에게 가르침을 주기도 합니다. 그런 감정은 부정하고 깊이 감추어둔다고 할지라도 우리 안에서 어떤 식으로든 휘젓고 있습니다. 일단 그런 감정을 열어젖히고 정면으로 바라보며 도대체 내게 무엇을 가져다주려는지 물어볼 수 있을 것입니다.

살아계시는 주님, 저의 감정이 제게 주는 교훈에 마음을 열도록 가르쳐 주소서. 좋거나 싫거나 한 저의 모든 반응이 하나의 은총임을 볼 수 있게 해 주소서. 제 감정이 드러내는 것이 무언가 제게 말해주는 것이 있음을 발견하게 하시고, 저 자신의 성장과 돌보는 활동을 어떻게 바꾸면 나은 방향으로 한 걸음 더 나아갈 수 있을지를 생각하게 하소서. 제 감정을 감추어 두느라고 에너지를 낭비하는 대신에 아무리 싫어도 마음을 열고 저를 가르치는 선생님들과 대화할 수 있게 해주소서.

> 자기 자신을 위하여 할 일과 다른 이를 위하여 할 일 사이에 균형을 잘 잡고, 받을 것과 줄 것을 잘 배워야 합니다. 오직 주기만 하고 받지는 못한다면, 조화를 잃게 됩니다.(엘리자벳 퀴블러-로스, "치유의 네 기둥," 『치유하는 사람들』, 128쪽)

균형이 깨어지기는 너무도 쉽습니다. 다른 사람을 보살피다 보면 하고 있는 일이나 해야 할 일에 너무 깊이 몰입해서 자신에게 필요한 것을 잊게 됩니다. 우리에겐 휴식도 필요하고 돌보는 일에 쏟아 넣은 심신을 회복시킬 시간이 필요한 것입니다. 주어진 과제가 아무리 중요한 것이라 하더라도 다 써버린 에너지를 다시 보충해야 할 필요가 있는 것입니다.

항상 새롭게 창조하시는 하느님, 삶이란 결국 주는 것과 받는 것, 내버려 둘 것과 행동을 취해야 할 것들로 이루어져 있음을 당신께서는 아십니다. 제가 그 사이에 조화를 이룰 수 있도록 도와주소서. 저 자신이 필요로 하는 것을 배려하는 것이 이기적인 것이 아님을 깨닫게 하여 주소서. 당신께서는 제가 성장하고 완전해지기를 원하십니다. 당신 눈에는 저의 환자나 제가 다 소중한 사람임을, 그리고 우리 둘 다, 저의 사랑에 찬 관심과 배려가 필요하다는 사실을 알게 하소서.

> 아무리 절망할 수밖에 없는 것처럼 보여도, 자포자기해서 상황이 나아지는 경우는 거의 없습니다.(비티에, 『허용의 언어』, 161쪽)

온갖 할 일, 감정, 결정을 내려야 할 일이 쌓일 때, 우리는 자기 자신이나 상황에 대한 통제력을 잃어버릴까봐 노심초사합니다. 때로는 책임을 훌훌 털어버리고 도망하고 싶다는 충동에 사로잡힐 때도 있습니다. 또 때로는 감정이 흐르는 대로 내맡겨두면 거기에 휘둘려 길을 찾아내지 못할 것 같은 느낌이 들기도 합니다. 그럴 때는 무모한 퇴각을 피하기 위해 전략적으로 잠시 물러나 있는 것이 가장 좋은 전략일 수도 있습니다.

지혜로우신 하느님, 당신의 평화와 고요함으로 저를 감싸주시고, 제 손을 잡고 한 걸음씩 차근차근 이끄시어 평탄한 길로 인도해주시면 좋겠습니다. 제 의무를 무모하게 내팽개쳐버리는 것은 아무에게도 도움이 되지 않을 것입니다. 또 제 두려움을 없애주거나 필요를 충족시켜주지도 못합니다. 내면으로 신속히, 조용히 물러나 거기서 깊은 숨을 쉬고 당신의 현존을 깨닫고, 다시 깊은 숨을 쉬고 저 자신을 재창조할 수 있도록 가르쳐 주소서.

> 너의 걱정을 야훼께 맡기어라.
> 주께서 너를 붙들어 주시리니.(시편 55:22)

아주 잠시만이라도 돌보는 일의 힘든 짐을 내려놓을 때도 있어야 합니다. 때로는 짐이 너무도 무겁게 내리눌러 그 무거움에서 자유로워질 때가 있기나 할까 싶은 느낌에 빠지기도 합니다. 시편의 말씀은 책임이 온전히 우리의 몫으로만 주어진 것은 아님을 상기시켜 줍니다. 하느님께서도 우리 환자나 어린이, 학생들을 보살펴 주십니다. 하느님은 우리에게 힘만 주시는 것이 아니라, 다른 사람들로부터 도움을 얻을 수 있으며 돌보는 일이 주는 딜레마를 창조적으로 해결할 수 있는 통찰력도 주십니다.

하느님, 저를 양육하시는 당신의 사랑이 저와 제가 보살피는 사람들을 감싸 안아주십니다. 당신이 저를 지탱해주고 계심을 신뢰할 수 있도록 도와주소서. 당신과 제가 함께 돌보는 일을 하고 있다는 것을 알고 있사오며 그 짐을 나누어지시려고 여기 함께 계신 당신께 제가 의지할 수 있다는 것도 알고 있습니다. 혼자서 그 짐을 다 질 수 없을 정도로 무거우면 당신께 도움을 청할 만큼 너무 지나친 자부심을 가지 않게 하소서.

> 우리 시대의 가장 위대한 기적은 인류가 자신의 마음에 대한 내면적 태도를 바꿈으로써 삶의 외양도 바꿀 수 있다는 것을 발견한 것입니다.(윌리엄 제임스)

마음이 때때로 우리를 혼란에 빠지게 합니다. 우리가 생각하는 것, 자기 자신에게 하는 말투, 그리고 우리의 태도가 나날의 삶에 대한 인식을 지배합니다. 우리가 돌보는 이들이 우리를 부당하게 취급하며 화를 낸다고 여기거나 우리를 오해한다고 생각하면, 그 생각에 비례해서 사람들을 돌보는 일에 대한 망설임도 커집니다. 그런 생각이나 태도를 계속 지니고 있으면 우리의 돌봄에도, 우리가 보살피는 환자에게도, 또 우리 스스로에게도 도움이 되지 않습니다. 그 결과로 우리 모두 고통을 받습니다. 다행스럽게도, 윌리엄 제임스가 말하듯, 우리의 자세를 바꾸면 우리의 행동도 바뀔 수 있습니다. 사도 바오로께서도 같은 말씀을 하십니다. "마음을 새롭게 하면 새 사람이 될 수 있습니다."(로마서 12:2)

하느님, 매 순간을 건강하게 대하는 방식을 택할 수 있다는 것을 제가 기억하도록 도와주소서. 저 자신이외에는 그 누구도 제 마음을 바꿀 수 있는 사람이 없다는 것, 그리고 저의 선택이 외부의 무엇 때문이 아니라, 제 내면의 무엇 때문임을 이해할 수 있게 하소서. 누가 무슨 말을 하고 어떤 행동을 하든 상관없이 저는 사랑과 연민으로 돌보는 이가 되고 싶습니다.

> 우리의 필요가 무엇인지 알아내고 그 필요를 충족시키는 조화로운 방식을 찾아내는 일이 우리가 할 일입니다. (비티에, 『허용의 언어』, 365쪽)

    돌봄은 둘 중의 하나를 선택하는 문제가 아닙니다. 즉 환자나 아이들의 필요를 돌보느냐, 아니면 우리 자신의 필요를 충족시키느냐의 문제가 아니라는 말입니다. 우리가 균형에서 벗어나 있음을 발견한다고 해서 우리가 돌보는 이를 내버려두고 우리 자신만을 생각할 수는 없습니다. 또 우리가 쓰러져 버리고 말 때까지 돌보는 일을 해야 하는 것도 아닙니다. 우리가 할 일은 둘 다를 잘 하는 것입니다. 그러기 위해서는 창의성, 성찰, 현명한 조언이 필요합니다. 여러분 자신의 필요가 무엇인지 살피고 목록을 만들어 보십시오. 당신이 책임져야 할 일의 목록도 만들어 보십시오. 그 비중에 따라 분류하고 숙고하고 기도하고 계획을 짜보십시오. 하느님께서 도우실 것입니다.

사랑하는 하느님, 저는 제가 마침내 지쳐버릴 때까지 일하고 그리고는 다른 사람이 어떻게 나오는지 보고 싶다는 충동을 느낍니다. 그렇지만 그런 식으로는 아무 것도 얻는 것이 없다는 것도 알고 있습니다. 저 스스로의 필요를 이해하고 잘 받아들일 수 있을 만큼, 그리고 필요할 때 도움을 청할 수 있을 만큼 저를 지혜롭고 겸손하게 하소서. 창조적 해결책을 찾도록 제게 통찰력을 주소서.

> "따로 한적한 곳으로 가서 (홀로) 좀 쉬자"(마르코 6:31)

예수님도 일하지 않고 쉬실 때가 있으셨습니다. 우리는 일을 멈추고 무엇을 하고 있으며 왜 그 일을 하는지 성찰하는 것을 잊곤 합니다. 건강한 상태를 유지하고 우리가 어떤 일을 왜 하는지 그 명료하고 굳건한 토대에 서 있기 위해서 물러나 있는 시간이 필요합니다. 우리의 영혼을 쉬게 하고 양육해야 합니다. 진정한 자기사랑에 시간을 할애할 때 우리는 온전함을 향한 우리의 여정을 제대로 걸어갈 수 있고 그 과정에서 좀 더 나은 돌보는 이가 될 것입니다.

거룩하신 하느님, 제가 돌보는 일을 할 때와 마찬가지로 휴식하는 동안에도 제게 임하소서. 그리고 제 삶의 균형을 유지할 수 있도록 도와주소서. 보살핌을 베풀고자 하는 욕구도 중요하지만 제게 휴식이 필요하다는 것도 이해하고 받아들일 수 있는 통찰력을 허락하소서. 둘 다 제 여정에 속하는 것입니다. 돌보는 일을 할 때는 전 인격을 다해 사랑으로 할 수 있게 하시고, 휴식을 취할 때는 다른 이를 돌보는 것과 똑같은 배려와 사랑을 저 자신에게 베풀 수 있게 하소서. 기진맥진하거나 죄책감을 느끼게 되면 "물러나 좀 쉬라"고 하신 예수님의 말씀을 기억하게 하소서.

> 삶에 한계를 짓는 것은 삶을 복잡하게 만드는 것이 아닙니다. 삶을 단순하게 만드는 것입니다.(비티에, 『허용의 언어』, 168쪽)

돌보는 일에서 우리가 겪는 문제는 우리가 무엇을 할 수 있고, 어디까지 책임이 있는지, 그리고 우리가 통제할 수 있는 것이 무엇인지에 대한 분별력을 잃어버릴 때 생깁니다. 최선의 의도를 가지고 있으면서도 곤경에 빠지기도 하고, 자기 자신에 대해서나 환자에 대해서나 감수성과 건강한 관점을 유지할 능력을 상실하기도 합니다. 온갖 종류의 요청이 사방에서 닥쳐올 때 주기적으로 그 한계를 성찰하는 일이 요긴한 길잡이가 됩니다.

나의 하느님, 당신께서는 저를 사랑하고 돌보아 주시기도 하지만 제게 결정을 할 수 있는 자유도 주십니다. 저의 지식과 인식을 넘어서서 제 삶에 스며들어 계시면서도 당신께서는 저와 다른 이가 함께 하는 우리가 되기를 원하신다는 사실을 깨달을 수 있도록 도와주소서. 저 스스로에 대한, 그리고 제 한계에 대한 건강한 분별력을 가질 수 있도록 도와주시고, 다른 이도―아무리 도움이 절실하게 필요하더라도―그렇게 할 수 있도록 허락하소서.

> 등잔불을 계속 타게 하려면 기름을 계속 부어주어야 합니다.
> (마더 테레사)

우리는 마치 바닥이 없는 에너지의 샘을 지니고 있는 듯 사람들을 돌볼 수 있는 힘이 있기를 바랍니다. 그러나 하느님께서 풍부한 에너지를 주신다고 하더라도 성찰과 기도를 통해 에너지가 흐르게 할 필요가 있습니다. 그리고 우리 스스로의 신체도 운동과 수면, 그리고 건강한 식사를 필요로 합니다. 우리는 정신과 마음과 육체를 통해 다른 이를 돌봅니다. 우리의 등잔에도 기름을 채워주는 나름의 방도를 발견해야 할 필요가 있는 것입니다.

빛이신 주님, 제가 저를 내어줄 때 당신께서 언제나 저를 다시 채워주실 준비가 되어 계시지만 저도 시간이 필요하고 당신을 받아들이기 위해 열려 있어야 한다는 사실을 상기시켜 주소서. 다른 이를 돌볼 때나 휴식으로 저 자신을 재충전시킬 때나 언제나 충만하게 당신께서 제게 임하심을 깨닫게 하소서. 거기서 당신을 만날 수 있게 해주소서.

> 이 산 저 산 쳐다본다. 도움이 어디서 오는가?
> 하늘과 땅을 만드신 분, 야훼에게서 나의 구원은 오는구나.
> (시편 121:1-2)

돌보는 일은 신체적으로 정서적으로 대단한 에너지를 필요로 합니다. 힘들고 지치는 일이 많습니다. 무한정 공급될 수 있을만한 에너지를 우리는 가지고 있지 않습니다. 그리고 우리 각자를 위해 연료를 채워주는 원천이 무엇인지 알아내야 합니다. 유입되는 에너지보다 더 많은 에너지를 방출하면 탈진하게 되는 것입니다. 에너지를 재충전하고 우리의 삶을 재건축하는 방법을 생각하고 있습니까? 시편기자는 말합니다. "눈을 들어 산을 바라보고" 도움을 발견하라고. 산에서 시간을 보내며, 명상과 휴식, 야외활동, 독서, 운동, 기도, 창조적 표현활동 따위를 하는 시간을 가짐으로써 자신을 새로 짓는 일을 하고 있는지요?

사랑하는 주님, 재충전하지 않고 저 자신을 소진시키면 누구에게도 도움을 줄 수 없음을 압니다. 저를 먹이고 재생시키는 것이 무엇인지 알고 있습니다. 그런 축복을 주서서 감사합니다. 또한 그 축복을 기꺼이 누리게 하여 주소서. 제가 탈진해 버리기보다는 활기에 넘치고 삶으로 충만할 때 저는 훨씬 많은 것을 베풀 수 있음을 알고 있나이다. 나의 하느님, 찬미드립니다.

> 가끔은 저 자신이 불쌍해집니다. 그리고 언제나 하늘에서 휘날리는 커다란 바람결에 실려 다니는 것만 같습니다.(오지브웨이, 『우주의 새소식』, 로버트 블라이 번안, 249쪽)

힘겨운 때, 고립된 곳에 홀로 붙잡혀 있다고 느낄 때면 우리는 쉽게 자기연민, 슬픔에 빠져들고 매사가 달라질 수 있다면 하는 소망에 사로잡힙니다. 만일 …그 일을 할 필요가 없다면… 사람들이 감사해 하기만이라도 한다면… 하면서. 우리가 전체를 다 볼 수는 없음을 알고만 있다면 사태는 달라지지 않을까요?

신비의 하느님, 문제를 넘어서서, 자기 연민을 넘어서서 바라볼 수 있도록 저를 도와주소서. 당신의 영은 제 영감에, 제 가슴에 불을 놓으실 수 있고 제 영혼을 타오르게 하실 수 있습니다. 제 내면의 깊은 어느 곳엔가는 그러한 인식이 자리잡고 있습니다. 비록 아주 작고 희미한 것이기는 하지만 언제나 무언가 더 있으리라는 인식을 지니고 있습니다. 하느님, 당신과 함께 그 소리 없는 곳에 앉아 있기만 하면 제가 이미 알고 있는 것을 발견할 수 있을 것입니다.

돌보는 이를 위한 기도
지은이 / 조앤 군첼만
옮긴이 / 진수미
펴낸이 / 김준우
초판 1쇄 발행 / 2000년 8월 25일
초판 3쇄 발행 / 2021년 9월 6일
한국기독교연구소
등록번호 / 제8-195호(1996년 9월 3일)
경기도 고양시 일산동구 고봉로 32-9, 331호(우-10364)
031-929-5731, 5732(fax)

이 책의 한국어판 저작권은
Saint Mary's Press와의 독점계약으로
한국기독교연구소가 소유합니다.
저작권법에 의해 한국내의 보호를 받는 저작물이므로
무단 전재와 무단 복제를 금합니다.

124 Prayers for Caregivers
by Joan Guntzelman ⓒ 1995
Korean Translation copyright ⓒ 2000
Korean Institute of the Christian Studies.
The Korean Translation rights arranged with the author
c/o Saint Mary's Press

ISBN 89-87427-18-8-04230
ISBN 89-87427-08-0-04230 (세트)

값 7,000